历史祖庙

——佛山祖庙碑刻、文献、档案辑录

佛山市祖庙博物馆 编

南方传媒
广东人民出版社
·广州·

图书在版编目（CIP）数据

历史祖庙 ：佛山祖庙碑刻、文献、档案辑录 / 佛山市祖庙博物馆编. -- 广州 ：广东人民出版社，2025. 5.
ISBN 978-7-218-18278-0

Ⅰ. K877.42

中国国家版本馆 CIP 数据核字第 20247FN194 号

LISHI ZUMIAO——FOSHAN ZUMIAO BEIKE、WENXIAN、DANG' AN JILU

历史祖庙——佛山祖庙碑刻、文献、档案辑录

佛山市祖庙博物馆　编

出 版 人：肖风华

策划编辑：梁　茵
责任编辑：胡　萍
责任技编：吴彦斌

出版发行：广东人民出版社
地　　址：广州市越秀区大沙头四马路 10 号（邮政编码：510199）
电　　话：（020）85716809（总编室）
传　　真：（020）83289585
网　　址：https://www.gdpph.com
印　　刷：珠海市豪迈实业有限公司
开　　本：889 毫米 × 1194 毫米　1/16
印　　张：8.5　　　字　　数：150 千
版　　次：2025 年 5 月第 1 版
印　　次：2025 年 5 月第 1 次印刷
定　　价：128.00 元

如发现印装质量问题，影响阅读，请与出版社（020-85716849）联系调换。
售书热线：（020）87716172

编委会

主　　编：凌　建
副 主 编：莫　彦　刘奇俊
编　　辑：黄韵诗　李旭滨　黄　帆　王阿玲　林　楠　麦思颖
审　　校：林　锐　王小超

策展组

展览统筹：凌　建
策 展 人：黄韵诗
展纲编写：黄韵诗
形式设计：李旭滨　麦思颖　梁思敏
展品组织：黄　帆　林　楠　王阿玲　李婉霞
文物保护：唐嘉怀　陈家欣　何　立　招智明　许颖乔
教育推广：陈秋慧　邓晓丹　肖佳琳　陈丹萍　杨天楠
宣传推广：伍嘉雄　陈美斯
摄影录影：周云峰　何凯峰

序言
Preface

佛山祖庙是佛山的根与魂，悠悠九百年，祖庙与佛山这座国家历史文化名城比肩而立。它是“亦祠亦庙”的祖堂，是“忠义流芳”的荣光，是“三雕两塑”的古祠艺宫，亦是国家级非遗的孕育之地，还是海内外同胞寻根问祖的“岭南圣域”……

佛山祖庙的历史文化，从北宋一直延续至今，从未间断。它承载着佛山人的精神血脉，展现着佛山这座城市的人文品格，烙印着佛山民众的地域精神和独特基因。明清金石碑刻、地方文献和民国档案对“祖庙文化”记录甚多且流传至今。佛山祖庙的历史碑刻和文献、档案，成为“祖庙文化”的重要载体和珍贵遗存，它们不仅回答了“祖庙从哪里来”，也昭示着未来“祖庙到哪里去”。

近年来，佛山市祖庙博物馆深耕祖庙历史文献研究，在广东省立中山图书馆、香港中文大学图书馆、英国国家图书馆、天一阁博物院、佛山市博物馆、佛山市档案馆和南海区档案馆等多个海内外图文博单位中，全面挖掘并系统整理佛山祖庙的碑刻、文献、档案达150多件/套。特别值得一提的是，祖庙博物馆联合南海区档案馆，共同推进民国档案研究工作，并首次向公众呈献民国祖庙珍贵的历史档案。

岁月峥嵘，史料为证；文脉悠远，与古为新。2024年“5·18国际博物馆日”之际，佛山市祖庙博物馆正式推出“历史祖庙”专题展，遴选了98件/套祖庙碑刻、文献、档案精品展出，旨在呈现佛山祖庙千百年来的发展脉络，展示佛山传统文化的独特魅力，由此续写岭南人文的精彩篇章，同时也为“祖庙文化”的深入研究，提供更多不容置疑的佐证材料，意义非凡。①

是为序。

佛山市祖庙博物馆馆长、研究馆员：凌建

2024年11月

① 收入本书的碑刻、文献、档案录文中的繁体字、异体字、手写体一律用简体字排印，通假字均遵照原文，一些明显的错别字径改，不出注语。

目录

人文佛山，碑刻流光。仅《明清佛山碑刻文献经济资料》一书就收录有79通，佛山市祖庙博物馆更收藏了明清至民国的佛山碑刻58通，类型多样，内容丰富，集历史资料、人文景观、书法艺术和刻石技法于一身。

碑石有灵，石墨镌华。循佛山千年文脉，追祖庙碑刻印迹，在《佛山忠义乡志》里关于“祖庙”的碑记就多达27篇。其中11篇详述祖庙重建、重修之历程；7篇围绕佛山忠义流芳和祖庙灵应受封而篆碑立石来展开；另有7篇则是介绍灵应祠田地、庙铺和庙租拨建义学、支持社学发展等；余下2篇是关于祖庙颁胙和乡饮的碑示。时至今日，仍有8通碑刻保留于佛山祖庙，其中明宣德年“重建祖庙碑”，为祖庙现存最早的碑刻，述及“祖庙”名称由来和明洪武年间重修情形，弥足珍贵。

祖庙碑刻，镌石永年。历明至清，祖庙碑文撰写者从明代户部尚书、布政使、左参议到清代的广州太守、南海县令，无一不在力证祖庙之于佛山，之于南海县，之于广州府乃至整个岭南地区的重要地位；此外，祖庙碑刻还有与之相辅相成的岭南碑刻技艺，既精细写实，又文雅写意，形成独有的艺术风格，是文人艺术与工匠技艺结合之典范。

第一部分

镌石永年

——碑刻里的祖庙

“重建祖庙碑”①

唐　璧　撰

明宣德五年（1430）

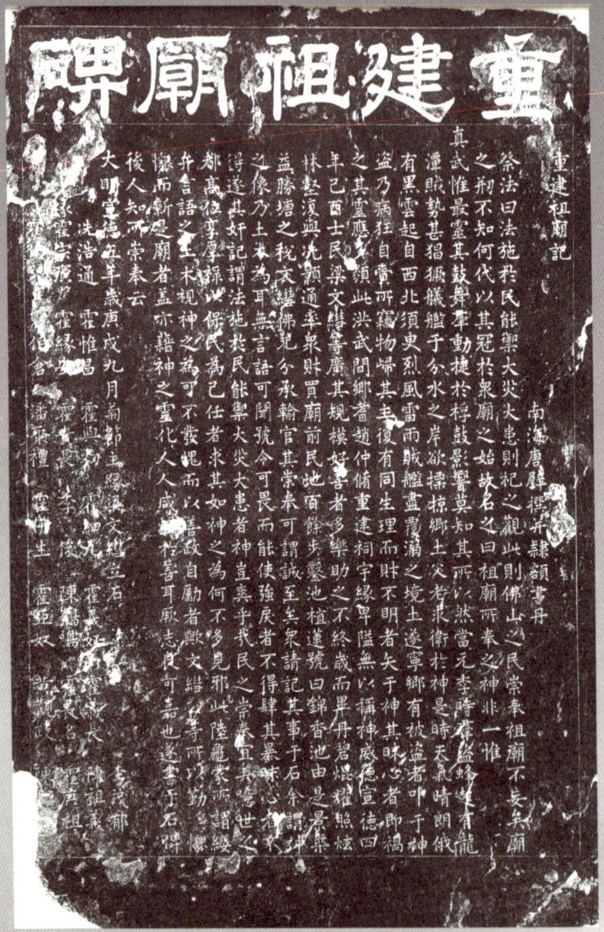

① 本部分图片左图为碑刻，右图为拓片。

内容摘要

关于佛山祖庙重修的碑文，这是现存最早的一篇。记述内容包括“祖庙”名称之由来、元代抵御龙潭贼等“灵应”事件、明洪武年间重修庙宇等，重点在于记录了祖庙在明宣德四年（1429）扩建的过程，包含开凿锦香池、庙税尝产、主事名册等重要历史信息，是目前研究祖庙在奉为官祀之前年代可考的最早例证。

撰文者

唐璧，号主一，南海平步人。尊孝道，循礼法，端正规矩，与参议陈贽交好。明正统十四年（1449）为佛山抗击黄萧养出谋划策，成功阻击贼军。

录　文

重建祖庙碑

祭法曰：法施于民，能御大灾大患，则祀之。观此，则佛山之民崇奉祖庙不妄矣。庙之创不知何代，以其冠于众庙之始，故名之曰祖庙。所奉之神非一，惟真武惟最灵。其鼓舞群动，捷于桴鼓，影响莫知其所以然。当元季时，群盗蜂起，有龙潭贼势甚猖獗，舣舰于分［汾］水之岸，欲摽掠乡土。父老求卫于神。是时天气晴朗，俄有黑云起自西北，须臾烈风雷雨，贼舰尽覆溺之，境土遂宁。乡有被盗者，叩于神，盗乃病狂，自赍所窃物归其主。复有同生理而财不明者，矢于神，其昧心者即祸之。其灵应多类此。

洪武间，乡耆赵仲修重建祠宇。缘卑隘无以称神威德，宣德四年己酉，士民梁文缙等，广其规模，好善者多乐助之，不终岁而毕。丹碧焜耀，照炫林壑。复与冼颢［灏］通率众财，买庙前民地百余步，凿池植莲，号曰锦香池。由是景概益胜。塘之税，文缙、佛儿分承输官，其崇奉可谓诚至矣。众请记其事于石。余谓神之像，乃土木为耳，无言语可闻、号令可畏，而能使强戾者不得肆其暴，昧心者不得遂其奸。记谓：法施于民，能御大灾大患者，神岂爽乎哉。民之崇奉，宜矣。噫！世之都高位、享厚禄，以保民为己任者，求其如神之为，何不多见邪！此陆龟蒙所谓缨弁言语之土木，视神之为，可不发愧而以善政自励者欤。文缙公等所以勤勤恳恳，而新是庙者，盖亦藉神之灵化人，人咸归于善耳。厥志良可嘉也，遂书于石，俾后人知所崇奉云。

大明宣德五年岁庚戌九月菊节，主缘梁文缙立石。

□缘	冼浩通	霍宗广	霍□□	霍惟昌	霍缘安	□伯仓
	霍与初	霍贵长	潘聚礼	霍细九	李　俊	霍佛生
	霍义奴	陈鹤鸣	霍亚奴	霍义长	霍长名	黄观政
	李茂郁	陈祖义	霍庚祖	陈□□		

南海唐璧撰并隶额书丹

“佛山真武祖庙灵应记”碑

陈　贽　撰

明景泰二年（1451）

内容摘要

该碑文是祖庙首次使用“灵应祠”名号的碑记，重点记载了黄萧养叛乱中，佛山父老依仗真武竭力保全乡土的“灵应”事迹。碑文落款为“景泰二年龙集辛未仲冬长至日立”，与祖庙现存景泰年款的牌坊、匾额等历史遗物和《佛山忠义乡志》等文献中敕封事件的记载吻合，可互为佐证，具有较高的历史研究价值。

撰文者

陈贽，字惟成，号蒙轩，浙江人。时平黄萧养，安抚民众，善政，迁为朝列大夫、广东等处承宣布政使司、左参议、前翰林院五经博士，后官至太常寺少卿。

录　文

佛山真武祖庙灵应记

朝列大夫、广东等处承宣布政使司左参议、前翰林院五经博士、会稽陈贽撰。

奉政大夫、前河南按察司佥事、五羊赵纯篆额。

奉训大夫、广西宾州知州、南海钟顺书丹。

南海县佛山堡，东距广城仅六十里，民庐栉比，屋瓦鳞次，几三千余家。习俗淳厚，士修学业，农勤耕稼，工擅炉冶之巧，四远商贩恒辐辏焉。境内祠庙数处，有所谓祖庙者，奉北极真武玄天上帝塑像及观音、龙树诸像，因历岁久远，故乡人以祖庙称之。水旱灾沴，有所祈禳，夙著灵响，一乡之人，奉之惟谨。

大明正统十四年己巳秋，海贼黄萧养，初以行劫禁锢，越狱亡命，有司缓于追捕，遂纠合恶党，剽掠村落，虏赀货，焚庐舍，迫胁兵民从之为逆，弗从辄杀。聚其乌合之众，以数万计，舟楫塞川，攻围广城。而南海、番禺诸村堡，多有从为逆者，声言欲攻佛山。佛山父老赴祖庙叩之于神，以卜来否。神谓贼必来，宜蚤为备。于是耆民聚其乡人子弟，自相团结，选壮勇，治器械，浚筑濠堑，竖木栅周十许里。沿栅设铺，凡三十有五，每铺立长一人，统三百余众，刑牲歃血，誓于神前，曰：苟有临敌退缩，怀二心者，神必殛之。众皆以忠义自许，莫不慷慨思奋。居无何，贼果率舟数百艘至。而其邻比村堡之从逆者，皆视佛山为奇货，破之则大有所虏获，以充其欲，是以四面环而攻之者，昼夜弗休。每当战，父老必祷于神。许之，出战则战必胜，大有斩获；不许，则严兵防守，不敢轻出。贼夜遥见栅外列兵甚盛，有海鸟千百为群，飞噪贼舟上；又见飞蚊结阵自庙间出，飘曳空中，若旗帜形。贼屡攻而屡败之，获贼首级千数百计。贼又造云梯临栅，阻于沟堑，不能前，却，众掷火炬焚之。贼计穷，无如之何，遂退兵二里许，联舟为营，意将久驻，伺栅内食尽人惫，不攻自破矣。然佛山大家巨室藏蓄颇厚，各出粮饷资给，人皆饱食无虑。贼中有自恃勇悍、翘足向栅谩骂者，栅内火枪一发，中之即毙。凡若此者，乡人皆以为神之助之也。贼虽不复敢攻，而相持累月弗退。景泰改元四月十一日，黄萧养被擒，戮于广。贼闻之，一夕散去。盖佛山为广城上游，足为声援，佛山失守，则广城愈危，其所关系，岂细故哉！贼平后，余与宪佥淮阳宫公安，同出诸处村落，招抚民之避寇流散者，俾还复业，因过佛山，见其壕堑木栅与凡战舰，俱完然在，召其父老而奖劳之，父老述神明灵应事甚详悉。予与宫公往谒祠下，再拜瞻仰，嗟叹久之。诸父老请余为文记其事，以示来世。余归而言于方伯揭公，既而公以佛山耆民能保护境土及真武灵应疏闻于朝。今命下覆实，而父老复诣余，请记甚勤，义不可拒，因曰：真武玄天上帝，昔我太宗文皇帝，崇奉极其隆重，营建武当宫观，至今选廷臣往彼护视罔阙。而普天之下，士庶之家，奉侍真武，在在有焉。然其感通之机或有不同者，何哉？盖在诚心之至否。何如耳？大抵动天地、感鬼神，不过一诚而已，有其诚则有其神，无其诚则无其神，此理之自然者也。书曰：至诚感神，讵不信夫！惟尔佛山一境，民庶之于祖庙，莫不极其严奉，其来久矣。比剧贼临境，又能倾心叩祷，厥诚不亦至乎！神乌有不感通者哉！宜乎灵应昭昭如是，非偶然也。且夫叛寇罪逆滔天，荼毒生灵，人神共怒，朝廷命将而大兵四集，贼尚不量力度势，自来送死，安知非神明欲其亟亡而使之然耶？呜呼！彼各乡从逆叛党，其父母妻子今皆安在？而佛山一境，晏然无恙，室家相庆，父兄子弟、乡党族姻，欢好如旧，共享太平。视彼作恶者，相去岂特霄壤之悬绝，而忠义之美名将亘古而不息。矧诸父老殚心竭虑，保全境土，未尝有德色希望之心，而勤勤切切，惟欲表彰神明之休烈，以昭示遐永。若此者，皆可嘉也。因为备书而详录之，俾后之来者，世世严奉无有懈，则神亦福汝庇汝于无极矣。请文立石耆民名氏，列之碑阴。是为记。

景泰二年龙集辛未仲冬长至日立

“佛山真武祖庙灵应记”碑阴刻文

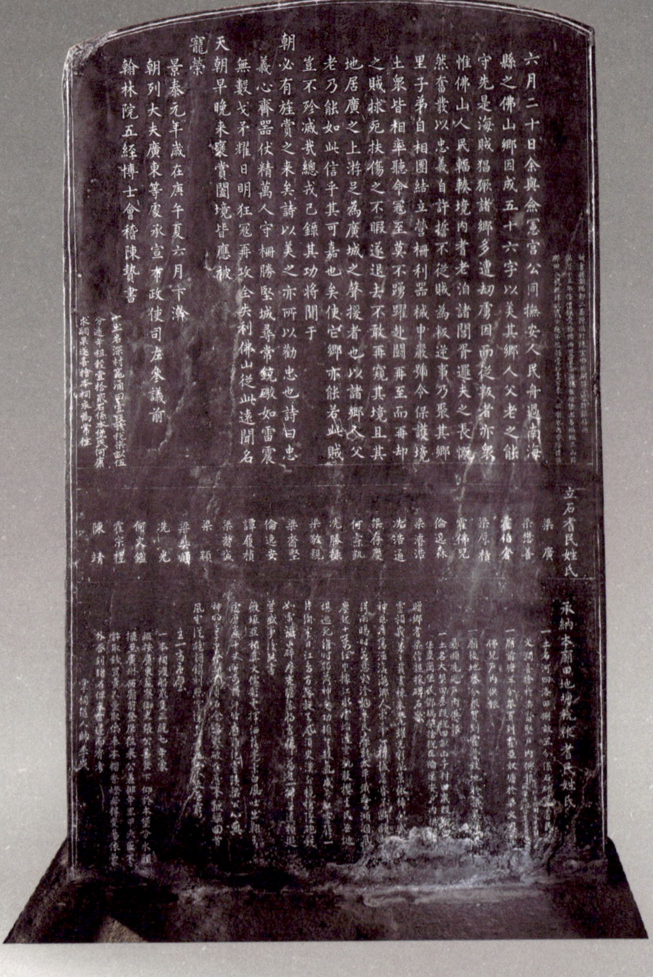

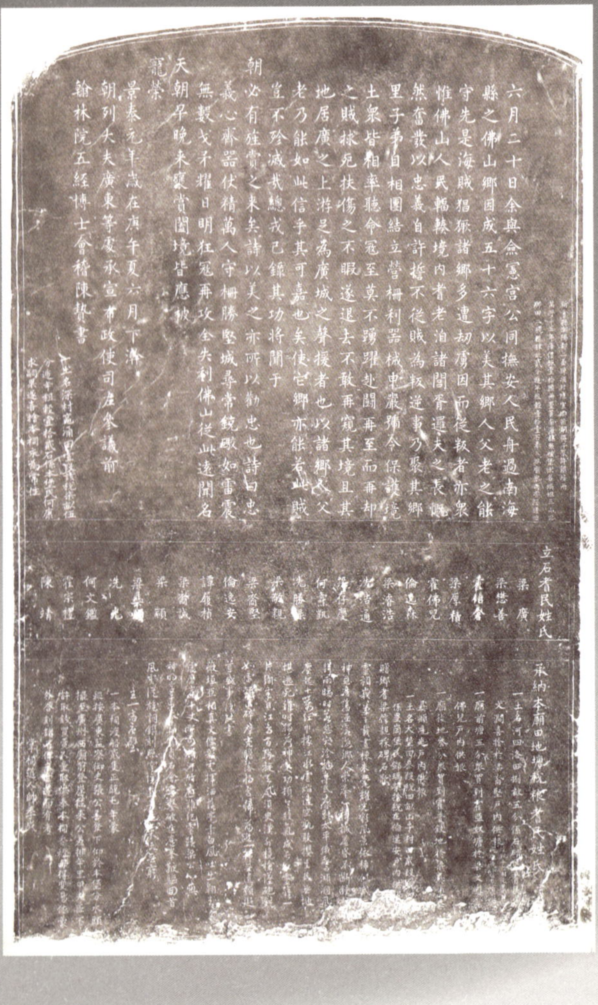

内容摘要

此碑阴刻文，内容繁杂，大致包含六部分：一是主体内容，记述了明景泰元年（1450）陈贽撰写“佛山真武祖庙灵应记”的始末并题诗，颂扬佛山乡民以忠义自许，保护境土的事迹；二是开列了二十二位立石耆民的姓氏；三是承纳祖庙田地塘税粮的耆民姓氏；四是明唐璧所作的采石歌；五是灵应祠渡船的告示；六是新会潮阳都善信陈氏捐银买地以奉入祖庙的记录。

录　文

“佛山真武祖庙灵应记”碑阴刻文

六月二十日，余与佥宪宫公同抚安人民，舟过南海县之佛山乡，因成五十六字，以美其乡人父老之能守。先是海贼猖獗，诸乡多遭劫虏，因而从叛者亦众。惟佛山人民辐辏，境内耆老洎诸闾胥逻夫之长，慨然奋发，以忠义自许，誓不从贼为叛逆事。乃聚其乡里子弟，自相团结，立营栅，利器械，申严号令，保护境土。众皆相率听命，寇至，莫不踊跃赴斗，再至而再却之。贼救死扶伤之不暇，遂退去，不敢再窥其境。且其地居广之上游，足为广城之声援者也。以诸乡人父老乃能如此，信乎其可嘉也矣。使它乡亦能若此，贼岂不殄灭哉！总戎已录其功，将闻于朝，必有旌赏之来矣。诗以美之，亦所以劝忠也。诗曰：“忠义心齐器仗精，万人守栅胜坚城。寻常铳炮如雷震，无数戈矛耀日明。狂寇再攻全失利，佛山从此远闻名。天朝早晚来褒赏，阖境皆应被宠荣。”

景泰元年岁在庚午夏六月下浣，朝列大夫、广东等处承宣布政使司左参议、前翰林院五经博士、会稽陈贽书。

立石耆民姓氏

梁广、梁懋善、霍伯仓、梁厚积、霍佛儿、伦逸森、梁濬浩、冼浩通、梁存庆、何焘凯、冼胜禄、梁敬亲、梁裔坚、伦逸安、谭履桢、梁裔诚、梁颛、梁彝频、冼光、何文鑑、霍宗礼、陈靖

承纳本庙田地塘税粮耆民姓氏

一土名河四洛田捌亩五分，系石硝堡耆民梁文涧喜舍，于梁裔坚户内供报［后以子昉解元、进士封御史，□乡举孙临（蒙）皆选贡，玄孙从□□］。

一庙前塘五分，众买到霍亚奴塘，于梁文缙、霍佛儿户内供报。

一庙后地叁分，众买到霍普叙地，于梁彝顺、梁彝頫、冼光户内供报。

一土名大根田叁段税四亩、山子村田贰段税四□，系丰岗堡民邓瑀荣舍，税在伦逸安户内供报。

一土名深村灶涌田壹段，该税七亩伍分，递年租谷壹拾贰石，系本堡民何康求嗣果遂，喜舍本祠，永为常住。

新会县潮阳都二图陈涌村陈宣卿祈嗣得子，原许银拾两。万历十五年，备价银壹拾陆两，置买南海县张槎堡土名埚坦三山路脚田二号税肆亩贰分，递年租谷壹拾壹石，奉入祖庙，永供香灯，谨识。

赠乡耆梁信亲采碑石歌

灵祠峩峩岁千载，画栋朱甍耀光彩。风景依稀似武当，神恩浩荡涵沧海。

乡人崇奉心精诚，晨昏不断钟鼓声。雨暘时若息灾沴，物阜民康歌太平。

俄惊澒洞风尘起，十万红巾据江水。虐焰连空孰敢撄，生民无地堪逃死。

维时独荷神之功，顿令杀气成长虹。灵旗一片绚云日，江鸟百队旋天风。

须臾汉外欃枪坠，炮铳如雷铁山碎。群凶胆落将焉归，荡然一扫无遗类。

遐荒盛事谁能书，薇垣亚相真文儒。彩云挥洒落毫素，白凤吐出翱青虚。

磨崖十丈那可得，汗竹应难纪灵迹。梁公心与神明孚，千里拏舟买贞石。

会学凿破匡庐峰，鞭驱回首风云从。雄词镌刻照穹壤，直□□气流无穷。

主一斋唐璧

一本祠渡船贰只，正统七年蒙巡按广东监察御史张公善发下，仰于本堡分水头摆至广州西庙前登岸，往来公差、排年、里甲、夫匠不许取钱，买卖人量取供奉本祠香灯，毋得变易，依蒙外合刻诸石，俾永世遵而有考。

掌祠道人帅季成

“庆真堂重修记”碑

霍 球 撰

明正德八年（1513）

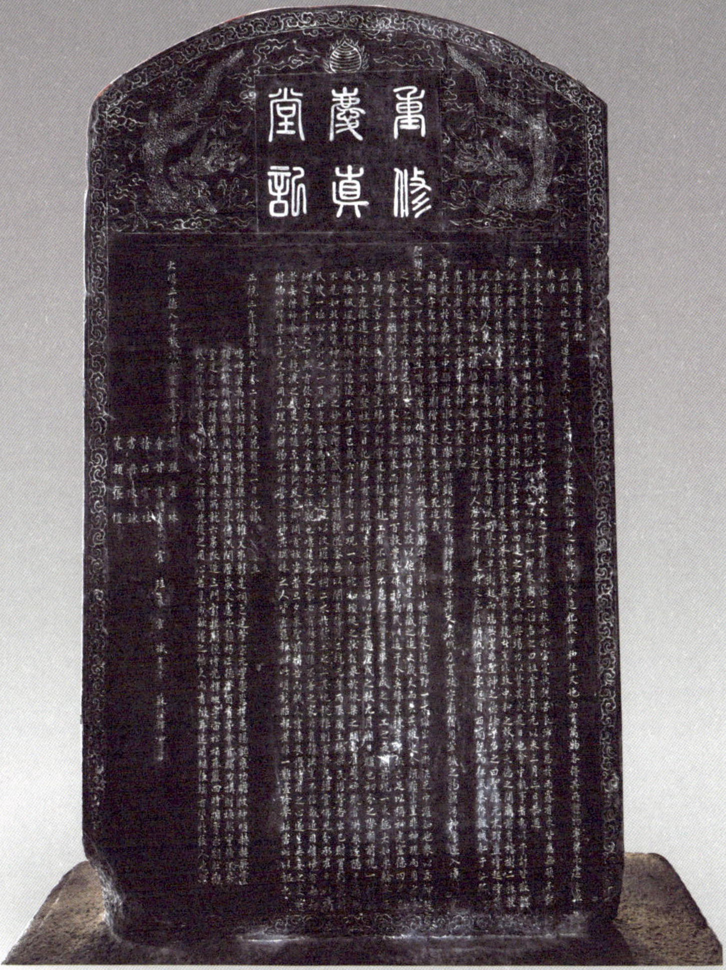

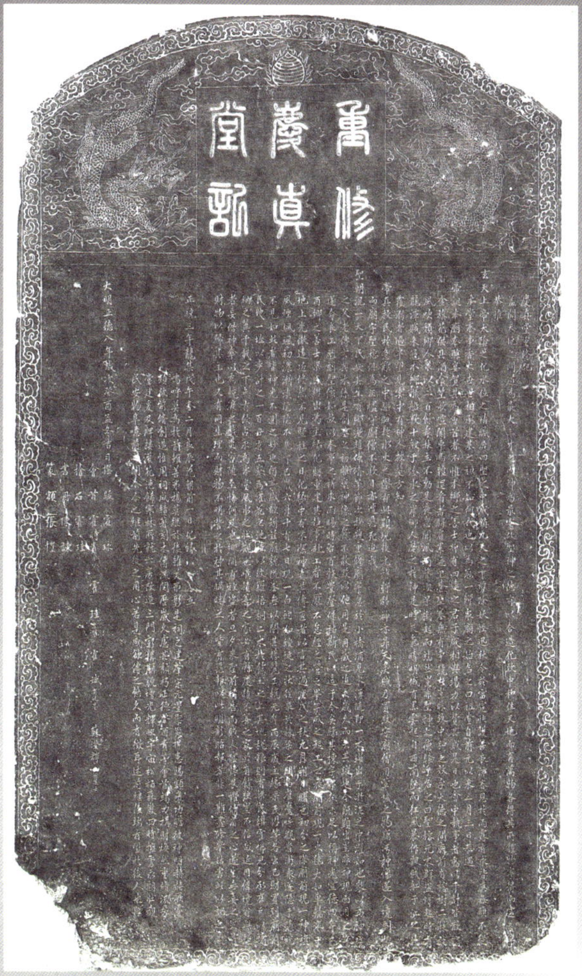

内容摘要

此明正德八年（1513）的修庙碑文，将佛山祖庙称为“庆真堂”，是现存碑刻文献中仅见的称谓。碑文开篇就回顾了前元以来祖庙“三月三”的盛景，后记录了庆真堂的修建历程与“灵显”传说。“灵显”虽在祖庙其他碑文中也有提及，但该文却将其糅合于元末被毁—明初重建—宣德年间扩建等重要节点中，并记录了明正德年间建流芳堂、修牌楼、饰灌花池等重大举措，对研究祖庙建筑发展沿革有重要意义。

撰文者

霍球，字廷献，南海人。明正德二年（1507）中举，六年（1511）署晋江县学训导，后升湖广武陵知县，卒于官。

录　文

庆真堂重修记*

盖闻天地之间，道为最大，三才之内，神为最灵。故圣神之德，有以合造化、致中和、位天地而育万物，各得其所，体物宁得而远之乎。

恭惟玄天上帝，太阴之化，水位之精，职居四圣之中，威镇九天之下。剪除妖怪，迅秋令于雷霆；快护善良，沛春恩于雨露。有求皆应，无愿不从。本堂奉事香火，世世相承。建基之初，不知何代也。以为冠一乡众庙之始，名之曰祖堂。自前元以来，三月三日，恭遇帝诞，本庙奉醮宴贺。其为会首者，不惟本乡之善士，抑有四远之君子，咸相与竭力，以赞其成。是日也，会中执事者，动以千计，皆散销金旗花，供具酒食，笙歌喧阗，车马杂遝。看者骈肩累迹，里巷壅塞，无有争竞者，岂非致中和之效乎？大德之间，庙前有榕树二株，被风吹颓，乡人聚以二百余众，扶立不动。是夜忽闻风雨声，次早树起而端然，岂非圣神之德验乎？名之曰圣榕。元末群盗蜂起，时有龙潭贼来寇本乡，舣船数十艘于汾水之岸，乡人启之于神。是时天气晴明，俄有黑云起自西南，既而狂风暴作，飘贼船于江之北，覆溺者过半，望见云中有神人披发，方知帝真救民于急难之中，驱贼于水

* 碑额名“重修庆真堂记”。

火之际，有此显现。后元祚将移，神亦升天矣。贼乃买致守庙僧，用荤秽之物窃污神像，遂入境剽掠，而庙宇、圣榕俱为灰烬，守庙僧不数日亦遭恶死。

迨我圣朝，混一天下，民安其生。有乡老赵仲修等，节次抄题，重修庙宇。忽于小桥浦见水涌，随即一木跃出于淤泥之中，濯如也，众以为神，稽之父老。传言其木系是创基之初雕塑神像之余，不敢毁以他用，是用藏之，迨夫岁久而失其踪也，今既显出，岂非神现而用之乎？遂命良工雕刻圣像如故，以奉事之，祈求雨旸时若，百谷丰登，保佑斯民，以迄于今矣。

缘其栋宇卑狭，未足以称神光。宣德四年己酉，乡之善士梁民缗出为主缘，化财重建。其趋事赴工者，不厌不怠，经之营之，毕年成之。起工之夜，庙前现一火球，大如车轮，滚于地上，光彻远近，倏然不见。竖柱之日，化缘中有不洁，神责其传匠者以言其过。庚戌之秋九月朔日，曙色初分之际，庙前现一神旗，风烟飒飒，初浓渐淡，隐隐不见。丁巳岁六月十有七日，现一白蛇，如蜿蜒之状，往来于栋梁之间，鸟雀惊呼，观者渐众，遂隐于藻棁不见。如此者，皆神光不测之妙也。何其盛欤！

矧兹庙貌隘塞，无以阐其胜览。正统元年丙辰岁，主缘梁民缗等各出己财，买到庙前民地一丘，以步计之一百廿有五，凿为灌花之池，植以波罗、梧桐二木于余土之上。其地税粮则有梁民缗、霍佛儿分承在户以输纳之，冀千载之下，无有侵占，永为本堂风水之壮观也。

噫！积善之家必有余庆，积不善之家必有余殃，岂不信哉！近因邻境有无知者，妄借神伞以为竞渡之戏，灾害随至，悔何及也。乡间有被盗者，旦夕来圣前祷告，而贼人阴怀畏惧修省之心，遂生无妄之灾，将财物以归其主也。又有同生理而财物不明，誓之于神，其瞒昧之人皆有恶报。以此明彰昭报者非一，难尽条举，姑书此以记之。

正统三年龙集戊午春二月良辰花朝前一日，化缘立。

呜呼！莫为于前，虽善弗扬，莫继于后，虽美弗彰。是祠之建，肇宋元丰，御灾捍患，赐额褒功。瞻彼神明，赫赫厥灵。顾彼前修，创造惟周。祠成绩著，刻木传流。阅历岁久，虑其颓朽。正德癸酉，贵等会首，竭力构材，焕然重修。流芳堂建，爰及牌楼，灌花池饰，寒林所就。六房改造，三门新构，庙貌增光，辉映宇宙，松柏森严，四时拥秀，永期壮观，民安物阜。噫！前之开今，今之继前，先后之用心若是，咸欲传之悠久而有征耳。述前继后，端有望于后人也欤。

大明正德八年岁次癸酉孟冬吉日，撰跋霍球。会首霍时贵（本坊）、霍珪（左邻）、霍斌（嫔岐巷）、苏澄辉（祠道士），舍石霍珪，书丹陈谏，篆额张恺。

“世济忠义记”碑

卢梦阳　撰

明嘉靖三十二年（1553）

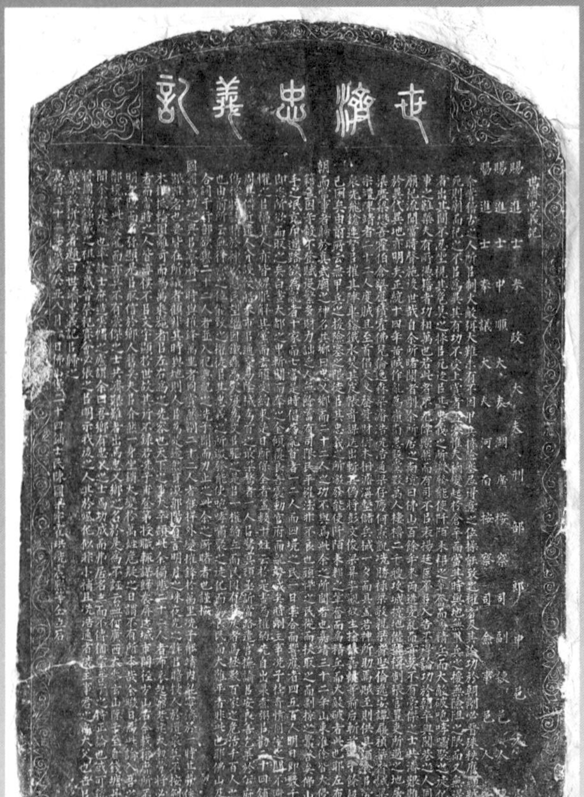

内容摘要

此碑由明代进士、郡人卢梦阳所撰写，重点讲述黄萧养事件中，佛山，一个“无甲兵之援，无险阻之限”的地方，以梁广为首的二十二耆老，首倡大义，“罄资财、树木栅、浚沟堑、储兵械”，率领本地居民奋勇抗击，最终被敕封为“忠义乡”的事迹。文中对于佛山乡人抗击黄萧养军的历史事件，记录客观而详尽，是研究明代祖庙、佛山镇（堡）发展历程的重要实物资料。

撰文者

卢梦阳，字少明，别号星野，顺德人。明嘉靖十七年（1538）进士，官至福建右布政使。

录　文

世济忠义记

赐进士、奉政大夫、刑部郎中、邑人卢梦阳撰文。

赐进士、中顺大夫、湖广按察司副使、邑人陈绍儒书丹。

赐进士、奉议大夫、河南按察司佥事、邑人李兆龙篆额。

余尝稽古之人，所以制大敌、弭大难，未有不因甲兵，据险塞，居得意之位，操能致之权者。及其论功于朝，则必晋殊秩，膺显号，铭之旂常，藏之金匮石室，死则庙而祀之，不以为异。其有功不受上赏者盖寡。惟夫祸变起于仓卒，而当其时与地，无甲兵之援，无险阻之限，而又无得意之位、能致之权，彼豪杰者出其间，不忍坐视其危，莫之救以死，徒以其忠义之所激发，能使阡陌耒耜之辈奋而为精兵而大敌破，咆哮啸聚之徒化而为良民而大难平。其成事之难，概夫有所凭藉者，功相万也，若此者不尤伟欤？然而有司不以表扬，廷臣不以入告，不得论功于朝，卒与闾巷之人同堙灭不见，况敢希荣宠、豪庙祀，流闻当时，声施后世哉！自余所睹闻者，则余所居之南境曰佛山，百余年来，两遭变乱，而亦莫不有豪杰之士共济艰难者出焉，人才之不必取借于异代异地，亦明矣！

正统十四年，黄贼作乱，为岭南患，聚党数万人，楼橹二千艘，攻城掠地，僭号称制，张官置吏，所过之地，屠僇殆尽。则佛山之父老若梁广、梁懋善、霍伯仓、梁厚积、霍佛儿、伦逸森、梁濬浩、冼浩通、梁存庆、何焘凯、冼胜禄、梁敬亲、梁裔坚、伦逸安、谭履祯、梁裔诚、梁颛、梁彝频、冼光、何文鑑、霍宗礼、陈靖者二十二人，度贼且至，首倡大义，罄赀财，树木栅，浚沟堑，储兵械，一夕而具，盖若神所助焉。贼至，则供具酒食，以劳敢战之士，不避锋镝，为有众先，飞枪连弩以摧其阵车，熔铁水焚其皮帐，奇谋迭出，斩其伪将彭文俊、梁昇、李观奴，生擒张嘉□等，前后斩首二千余级，无亡矢遗镞之费，而黄贼已困矣！由前所云，无甲兵之援，险塞之限，徒以其忠义之所激发，能使阡陌耒耜之辈，奋而为精兵，而大敌破者，此也耶！左布政使揭稽上其事于朝，而当事者归于真武庙之神，名其乡曰忠义乡，而二十二人之功不与焉。此余之所闻者也。

嘉靖三十二年，山东淮徐皆大侵，岭南尤甚，道路死者相枕藉。盖因年谷不登，赋役繁多，财力诎乏，人无余蓄，有司限民平粜，法非不良也，顽悍之民从而挟取之，而剽掠之衅启矣。佛山尤地广人众，力田者寡，游手之氓充斥道路，欲为乱者十家而七。当是时，倡为乱首者一二人，而四境之民一日云合而响应者四五百人，明日即数千人矣。初尤以乞济为名，旋即恣所欲而取之矣。白昼大都之中，斩关而夺之金，倾覆良善，震动官府，而乱势成矣。时则主事冼子桂奇，愤同室之斗，不避危险，亲往谕之，诱之以利，惧之以祸，其人亦皆愧服，解其党而去，愿受约束。是日所保全者，盖数十姓云。于是画为权约，先自出粟煮粥以劝，二十四铺之有恒产者，亦各煮粥以周其邻近，遣人分护谷船米市以通交易，阴械为首之最桀骜者一人，以惊冥顽，亟诉当路，遣官抚谕，以安良善，乞粟于公府，以继粥之不足。始因淫霖伤稼，躬祷晴于神以慰民望，继因铁虫为灾，复为文以驱之，是以一权约立而民罔有背戾者焉。拯数百家之危，活千百人之命，而不尸其功者，冼子是也。由前所云，无得意之位、能致之权，徒以其忠义之所激发，能使咆哮啸聚之徒化而为良民而大难平者，非此也耶？佛山及张槎之父老多冼子之功，合词于行部，欲与二十二人者并入祀典祀之。冼子闻而力止之。此余之所睹者也。

谨按，国朝议功之典，以宁济一时与摧锋万里者同赏。然则二十二人者能捍外变，摧锋于万里，冼子能靖内乱，宁济于一时，其劳佚久速有不同，而同于共济艰难者也，要皆在所议者，顾非其时与地，则人以为是适然耳。汉邹阳有言：明月之珠，夜光之璧，以暗投人于道，众莫不按剑相眄者，无因而至前也；蟠木根柢，轮囷离奇，而为万乘器者，以左右为之先容也。天下之事，大率类此。

余独悲二十二人者，布衣起穷巷，建大勋劳，将必有隽异之行，为众所推服者，而当时之人皆淳朴，不以文字显于世，故其行不录。若冼子甫登第授职，辄谋归养，屏迹城市，开径方山，古今载籍，靡所不究，又多著述，迹晦而道愈明，身隐而名弥显，是以取信于乡人旧矣。夫以介然一身，坐销大变于万姓危疑之日，谓不有所本哉？余暇日，为此论，入吾之家乘，将以告吾子若孙，知邻境有此变乱，而亦莫不有豪杰之士共济艰难者出焉。忠义乡之名，于是为不诬云。无何，广西大参玄山陈子至自钱塘，丹阳令石台岑子至自京师，闻余有是论也，率诸士庶，造云帽之庐，谓余曰：吾乡有忠义之士焉，功成而弗居，名立而不传，犹幸吾子之持正论也，或可籍以不泯。顾因吾子之言，吾将图为锦，藏之祖堂，岁时祭祀赛会必张之，以明示我后之人，其于风化，似非小补。且冼浩通者，冼主事君之高大父也，世以忠义相济，其庸以无述乎哉！余故并论著，题曰《世济忠义记》，以归之。

嘉靖三十二年岁次癸丑八月一日，佛山堡二十四铺士民陈图、梁宇、霍珙、冼震熙等同立石。

“忠义流芳祠记”碑

蒋 迪 撰

清雍正七年（1729）

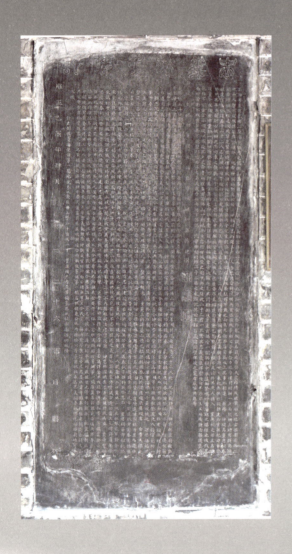

内容摘要

该碑文追溯了明正统年间，佛山二十二耆老组织乡民抗击黄萧养有功，被旌赏在祖庙西侧鼎建“忠义流芳祠”以祀。清代官员为延续其春秋二祭，特拨尝产永久供祀，并勒此碑。据文献记载，清顺治年间佛山才设置有地方官衙。在此之前，地方事务均由士绅和大族利用“庙议”，共同协商解决。该碑文内容即可窥见佛山自治的管理形态，是研究明清佛山地方政治模式的重要材料。

撰文者

蒋迪，敕授文林郎、署理南海县事、候补知县。

录　文

忠义流芳祠记

南海，粤东首邑；佛山，南海巨镇。考之志，佛山旧名桂华乡，后敕赐忠义乡，岂非乡以人重哉。明景泰中，海寇黄萧养作乱，假设名号，迫胁齐民，凶焰将及桂华。乡之壮士梁南园等二十二人誓不从贼，谋同捍御，祷于北帝神祠，祈默为相佑。神报以吉。于是二十二人各出其赀财，以供兵食，备器械，率乡之子弟，合力巡守，环村树栅，一夕而就。栅上时有群鸟飞翔，若旌旗队伍之状，贼望见惊怪。时值中秋，朗月皎洁，外严守备，内令儿童鼓乐游戏，以示暇豫。贼果骇愕，不敢犯而去。及寇平，藩司揭公上其事于朝，遂敕赐神祠为灵应祠，春秋遣官致祭；复嘉予二十二人忠义，授以冠带职衔。辞不受，赐其乡为忠义乡以旌表之。后二十二人殁，立祠于灵应祠侧，名忠义祠。子孙世世奉祀无缺。然祠虽建而素无祀田，每当祭日，其子孙敛财以供办，此亦向来之缺典也。予摄篆兹土，思与邑中兴举废坠，适祠之后人梁广庵等呈称：追念旧勋，乞酌有余以补不足，请于其先人捐入灵应祠之田，土名排后窦、今成铺屋者，量拨一间以为祭业。余即行属官，集乡之绅衿里老详议，具报，详称众皆欣跃，遂允其请，拨排后窦东首铺屋一间与祠中永远办祭。呜呼！当海寇之猖狂也，攻城略地，锋不可当，仓卒顺从以求延旦夕之命者，所在多有。而佛山一乡，地平鱼齿，非有城堡之固，甲兵之强。此二十二君一旦奋其忠义，遂能捍御强寇，不污兹土，又功成谦退，辞还褒典。《易》曰："劳而不伐，有功而不德。"岂非古君子之高义哉！予舶舟河下，恭谒北帝神祠，因仰二十二君之风规，记其始末，勒石藏诸祠壁，俾后之览者感发兴起焉。

敕授文林郎、署理南海县事、候补知县蒋迪撰。

南海县五斗口司常，详为有祠无祀，恳批着赐，以慰前功事：

雍正六年十一月奉署南海县正堂加三级蒋批，据里民梁广庵、伦圣仪等禀前事称"前朝正统年间，强贼黄萧养围掠佛山，通乡无策。蚁祖梁南园等二十二人赴北帝庙杯卜，神许拒盗，捐粮助饷，督率壮练，设法防守，复藉神威赫濯，披发现身，星旗耀敌，贼畏潜退，咸沾神祐，通乡安枕。祖等联陈神功，特疏具奏。前帝敕赐灵应祠，春秋谕祭，祖等亦蒙旌奖，在庙右建立忠义祠以垂不朽。蚁祖见庙无祭业，义将排后窦等处田宅，捐送入庙，以为祀典，庙志可稽。迄今兹积租利，每年约计三四百金。丰祀之外，仍有余溢，而蚁祖有祠无祀，神人难忍。况莫为之前，虽美弗彰；莫为之后，虽盛弗传。现今庙有余资，岂忍祠无祀典！势着联恳仁天金批，着令绅衿耆老，量给猪羊祭品，俾蚁等子孙，春秋祭奠，先人获偿前功。一笔阳春，公侯万代"等情。奉批"仰五斗口司传集衿耆，确查妥议详夺"印发到职。

奉此，卑职遵即传集通乡衿耆在庙公议。去后，随据绅士谭会海、梁叶千、黄国鉽、冼湛、梁绪祐、冼上莲、陈元佐、梁国选、梁仪舜、庞上枢、梁应璘、梁瑾、梁贻、何士赳、梁应珠、梁调元、梁鳌、梁国辅、冼重、黄上科、谭简上、梁之麟、梁麟祯、麦尚均、梁应珑、梁应瓏、霍白，耆民梁元声、梁子善、霍朗仁、梁宣仲、霍万朝、伦恒茂、梁元长、冼殿祯、梁子忠、何作君、冼奕汉、梁南仲、梁贵雄、伦象廷、谭伦上、梁桂庭、梁可千、梁智高、冼国相、何登朝、霍漫远、陈国焕等禀，为遵依回覆，吁天赐详事称"蒙台奉县台批，据梁广庵、伦圣仪等陈为一件有祠无祀等事，奉批'传集衿耆确查妥议详夺'，海等遵传赴庙众议。查得正统年间，逆贼黄萧养围掠佛山，伊祖联同二十二人捐粮防守，藉神现身退贼，致蒙敕赐灵应祠，春秋谕祭。伊祖旌奖忠义，建祠庙右。但伊祠确无祭业，凡遇春秋，子孙科敛祭奠，而灵应祠每年租利，祭祀之外，实有余溢，致庵等以有祠无祀具陈。况稽庙志，排后窦等处田宅，伊祖子孙俱有捐送入庙。现排后窦地一所，建得铺屋二十八间，菜塘二口，粪地二段，共租银二百余金。今众查议就将排后窦铺第一间满盈店，现租银贰拾伍两，令伊子孙收租，俾二十二公永远得藉供祀，庶见前功不忘，即捐送之义亦不忘矣。蒙传查议，合遵回覆，伏乞赐详覆夺，合众欢忻”等情前来。

据此，随该卑职查看得梁南园等，正统年间，逆贼黄萧养围掠佛山，是时园等二十二人，捐粮设法堵御，后藉神恩赫濯，贼畏潜退，联陈特疏具奏，前帝敕赐灵应祠，春秋谕祭，即园等亦蒙旌奖，在庙右建立忠义祠。今庵等追思念切，致以有祠无祀，具陈宪台。蒙批仰职传集衿耆，确查妥议详夺，卑职随即传集衿耆人等，据禀佥云□称正统年间，逆贼黄萧养围掠佛山，委得其人，况园等子孙各有田产捐送入庙，今竟有祠名而缺失祭，庵等亦依依念切，议将排后窦铺第一间满盈店租银贰拾伍两，俾春秋二祭，每公均沾裱帛，余资听令伊子孙收租供祀，吁恳前来，以属妥协。但卑职微员，未敢擅便。今应否出自宪恩，统候批示遵行，非卑职所敢擅便也，等由到县。奉批：查胜朝正统年间，逆贼黄萧养围掠佛山，居人梁南园等捐粮集众，协力守御，义气所感，神显威灵，俾一乡安堵无事，至今民崇神功，愈不能谖公之忠义。但当年虽奉旌奖建祠，尚未议及祭典，宜庵等有给资设奠之请也。兹据该司详据绅士耆民议覆前来，应顺舆情，合将排后窦铺第一间店租银贰拾伍两，拨给公等子孙收租，永为忠义祠春秋供祀，以昭前功可也。此缴。

计丈排后窦海便铺第一间，地税叁分，载在佛山堡二十图又一甲灵应祠户内。流芳祠子孙收租，永远办纳粮务。

雍正己酉年肆月二十六吉日勒石

“流芳祠二渡奉大宪恩准给示勒碑”

清嘉庆七年（1802）

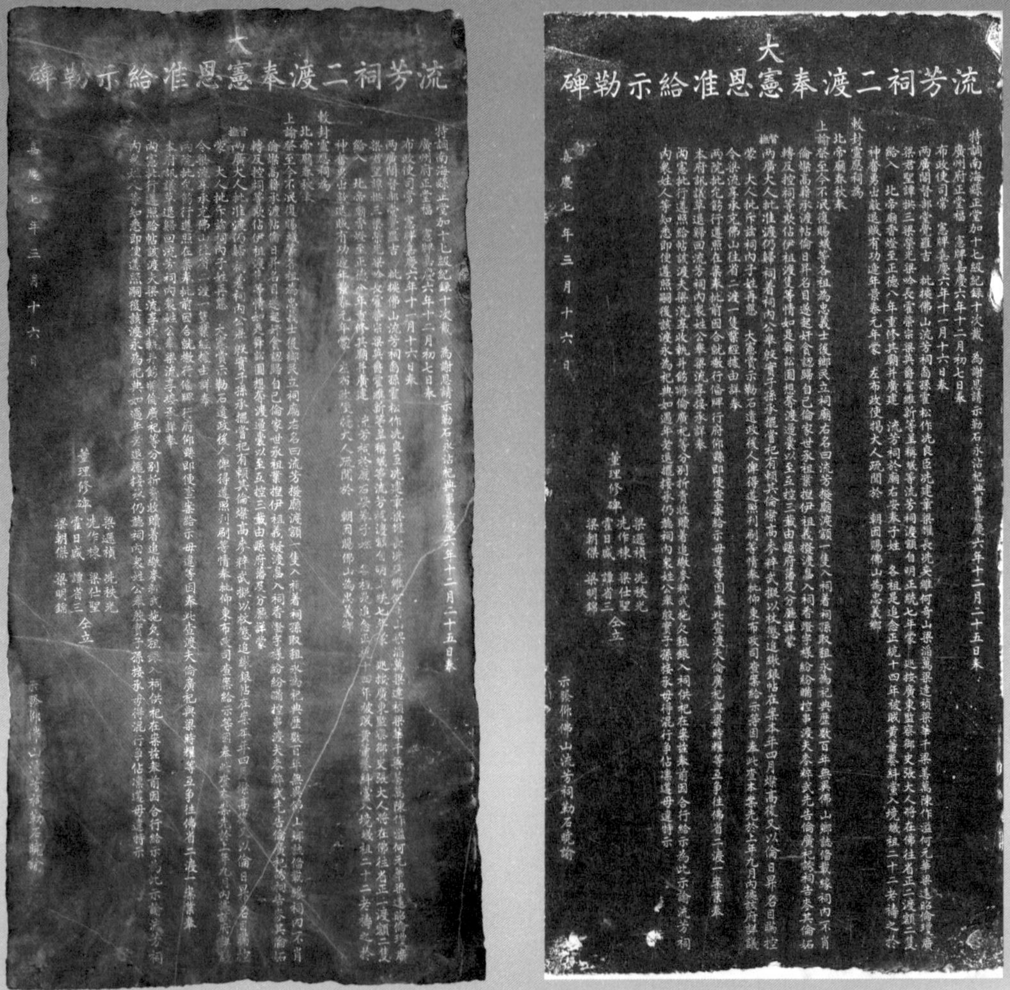

内容摘要

该碑文为清代梁逊祯、冼秩光等人共立，回顾了明正统七年（1442）巡按广东监察御史将佛山往返省城的两艘渡船收入划为佛山祖庙（北帝庙）香火钱，后正德八年（1513）又将其中一艘船的收入转划为流芳祠香火钱，永为祀典之事。清嘉庆年间，承办渡船业务的不肖奸徒，试图将其冒称为祖业，遂与流芳祠二十二老裔族引发了为期三年多的诉讼纷争。最终，经督抚判决，批准渡船经营归流芳祠内公推人员承办，并于嘉庆七年（1802）立此碑记。

录　文

流芳祠二渡奉大宪恩准给示勒碑

特调南海县正堂、加十七级纪录十次戴，为谢恩请示勒石，永沾祀典事：

嘉庆六年十二月二十五日，奉广州府正堂福宪牌，嘉庆六年十二月初七日，奉布政使司常宪牌，嘉庆六年十一月十六日，奉两广阁督部堂觉罗吉批，据佛山流芳祠裔孙霍松作、冼良臣、冼建章、梁耀长、冼奕维、何奇山、梁滔万、梁达祯、梁华千、梁善万、陈作溢、何元华、梁远昭、伦琼广、梁君圣、谭拱三、梁荣光、梁吟长、霍荣宗、梁英爵、霍维新等呈称“蚁等流芳祠渡额，自明正统七年蒙巡按广东监察御史张大人，将在佛往省正二渡额二只，给入北帝庙香灯。至正德八年重修其庙，并广建流芳祠于庙右，安奉子姓各祖，是追念正统十四年被贼黄萧养纠党入境，蚁祖二十二老祷之于神，奋勇出敌，退贼有功。递年景泰元年，蒙左布政使揭大人疏闻于朝，因赐佛山为忠义乡，敕封灵应祠为北帝庙，春秋奉上谕祭，至今不泯。复赐蚁等各祖为忠义士。后乡民立祠庙右，名曰流芳。拨庙渡额一只入祠，着祠孙取租，永为祀典，历数百年无异，佛山乡志备载。缘祠内不肖伦灿高，藉承渡帖伦日昇名目，遂起奸贪，认归自己伦家世承祖业，捏伊祖‘义拨渡息入祠香灯’字样，纷纷瞒控，串渡夫麦粹武先告伦广祀，诱祠告麦，其伦妒，转反控祠等‘欺占伊祖渡只’等情，如是舞讼，图想夺渡归囊，以至互控三载，由县、府、藩及分厅详蒙督抚两广大人批准，渡仍归祠，着祠内公举殷实子孙承摆，尝祀有赖。其伦灿高、麦粹武拟以杖惩，追缴银帖在案。本年四月，灿高复又以伦日昇名目瞒控，蒙大人批斥。兹祠内子姓再恳大宪赏示勒石，遗政后人，俾得遵照刊刷”等情，奉批：仰东布政司查案给示等因。奉此，查本案先于上年九月内，据该府详议，令梁流享承充佛山往省二渡一只，业经据由详奉两院批允饬行，遵照在案。奉批前因，合就檄行，备牌行府，仰县即便查案给示毋违等因。

奉此，查渡夫伦广祀与梁时耀等互争往佛省二渡一案，业奉本府讯议革退归回流芳祠内，众姓公举梁流享接承，详奉两宪批行，遵照给帖，该渡夫梁流享收执，并饬将伦广祀等分别折责收赎，着追缴麦粹武拖欠租银入祠供祀在案。兹奉前因，合行给示。为此示谕流芳祠内众姓人等知悉：即便遵照，嗣后该渡永为祀典，如遇年老退摆接承，仍听祠内众姓公举殷实子孙接承，毋得混行争占，凛遵毋违。特示。

嘉庆七年三月十六日，示发仰佛山流芳祠勒石晓谕。

董理修碑：梁逊祯、冼秩光、冼作栋、梁仕圣、霍日盛、谭省三、梁朝杰、梁明锦仝立。

"历奉列宪示禁混卖宝烛以肃庙宇碑记"碑

清嘉庆十七年（1812）

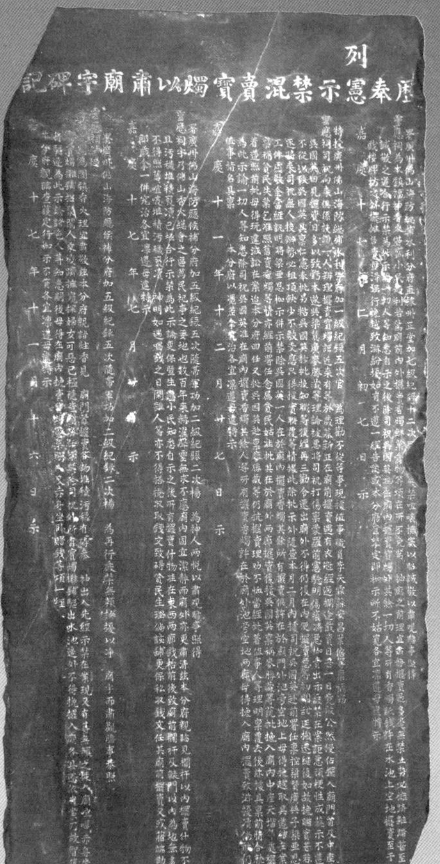

内容摘要

明清时期，灵应祠为本镇福神，赫濯声灵，香火鼎盛，因此聚集摆卖香烛者甚众。该碑收录了广州佛山海防总捕水利分府、佛山海防厅候补分府等官府机构多次发文对灵应祠摆卖宝烛等事项进行规范或禁止的事例四则，分别为清嘉庆十一年（1806）二月、十二月各颁一则，嘉庆十七年（1812）七月、十一月再颁两则，并立此碑记，以整肃庙纪。碑文还反映了佛山当时地方社会生活的状态，对于研究祖庙与佛山地方政治、经济、文化及信仰等有重要意义。

录 文

历奉列宪示禁混卖宝烛以肃庙宇碑记

署广州佛山海防总捕水利分府、直隶州正堂、加七级纪录十二次□□□严禁喧嚷拥塞，以昭诚敬，以肃观瞻事。

照得灵应祠为本镇福神，香火甚盛，小民趋利若鹜，庙前内外摆卖香烛、鲜果、食物等项，在所不免。第神庙之前，理宜肃静，摆卖过多，毫无禁止，势必拥挤杂踏，甚至挟□□□□□诚敬之道，合行示禁。为此示谕一切人等知悉：自示之后，除司祝吴国英准在庙内摆卖宝烛外，其余一切人等，所有香烛纸钱，许在水池上空地摆卖。至于食物、水□□□戏楼牌坊之外摆摊售卖，毋得强行搀越，致滋纷扰。如有不遵，一经告发，或本分府查拿，定即枷示，断不姑宽，各宜凛遵毋违。特示。

嘉庆十一年二月初七日示

特授广州佛山海防总捕水利分府、加一级纪录五次官，为理劝不从等事。

现据值事职员李天霖、苏安昌、叶儋等禀称，窃灵应祠司祝向来俱系投归一人，办理摆卖宝烛。讵近来有等于岁暮新正在庙前摆卖，遇有衣冠经过，拦途截卖，日甚一日，竟敢公然侵占，摆入庙门首及中座等处。本年司祝吴国英因见摆卖日多，以致亏本，遂与梁赞广、麦胜藏等理论，被恶将司祝打伤，禀蒙罗前宪验明伤痕，将恶枷责，出示严禁在案。讵恶顽梗性成，藐示不遵，职等屡经劝谕不从，以致吴国英具禀仁宪，奉批另粘吴国英抄批投知。职等复经再三劝令迁出庙外不得，仍复在内便摆卖。恶等初则甜延搬迁，继复如故，搀赚实甚。若不即恳示禁押逐，将来司祝无人投办，势必租项缺少，不敷支应，只得据实联覆等情。据此，除批示外，随查本年二月内，据司祝吴国英赴前署任禀控梁赞广与子梁亚息搀卖香烛，殴伤工伴卢启金。当经讯明，将梁亚息枷示，并示禁：除吴国英一人在于庙内摆卖香烛，其余所有摆卖，俱许在于庙门外池旁空地上，毋得搀越，取具遵结在案。随据麦胜藏等禀称，贫民失业，乞准照旧卖香烛等情，亦经前署任念属贫民，姑准批其在于庙外两廊摆卖。复据吴国英禀称，麦胜藏等藐批搀入庙内中座、天阶等处摆卖等情，亦经批着遵照前批，毋得玩违滋讼在案。迨本分府回任，又据吴国英赴禀，麦胜藏等仍抗摆卖，理劝不恤，当经批着值事人等理明禀覆去后。兹据具禀前情，合就填用空白示禁。为此，示谕一切人等知悉：除司祝吴国英准在庙内摆卖香烛，其余人等所有摆卖香烛，许在于庙外池旁空地、两廊，毋得搀入庙内摆卖，致滋扰渎。倘敢仍前抗违，许尔等值事指名具禀本分府，以凭差拿究治，各宜凛遵毋违。特示。

嘉庆十一年十二月廿七日示

署广州佛山海防厅、候补分府，加五级纪录五次、随带军功加二级纪录二次杨，为神人两悦，以肃观瞻事。

照得灵应祠宇，乃佛山香火总会之区，万民祀事之要地也。数百年来，赫濯声灵，无求不应，庙内固宜洁静，而庙外亦更肃清。兹本分府亲临，见栏杆以内摆卖什物，不惟人声喧哗，亦且污秽堆积，亵渎已极，合行示禁。为此，示谕更保暨生□小民知悉：自示之后，所有摆卖什物，准在东西两廊、戏台前后，致庙前栏杆及辕门以内，为地无多，务宜洁净肃清，不得照旧喧嚷，堆积污秽，亵渎神明。如遇唱戏之日，闲杂人等亦不得搭凳收取钱文，致碍贫民生理。倘该铺更保私收钱文，任其庙前摆卖，又或藉端勒索，一经查出，立即严拿，一并究治。各宜凛遵毋违。特示。

嘉庆十七年七月廿日示

署广州佛山海防厅、候补分府，加五级纪录五次、随带军功加二级纪录二次杨，为再行严禁无赖搔扰，以净庙宇而肃观瞻事。

恭照灵应祠神，乃□□□庙为阖镇香火，理宜肃敬。兹本分府亲诣炷香，见庙门首摆卖谷物，堆积污秽，有碍参神出入，先经示禁在案。现又有等无赖之徒，入庙喧哗，赤身坐卧，而且两旁摆卖宝烛摊铺，招聚闲人，乘机挤拥，窥探妇女，可恶已极。随查前各任示禁除司祝外，所有宝烛摊铺，驱出水池边外，不得搀摆入庙，各具遵依有案。乃故智复萌，殊属抗藐，令行驱逐。为此示谕诸色人等知悉，嗣后毋得在庙内搀卖宝烛，聚集闲人，及赤身坐卧、赌钱等项。一经本分府亲临查获，定行枷示不贷。各宜凛遵毋违。特示。

嘉庆十七年十一月十六日示

“重修忠义流芳祠碑记”碑

何壁珍　撰

清道光二十五年（1845）

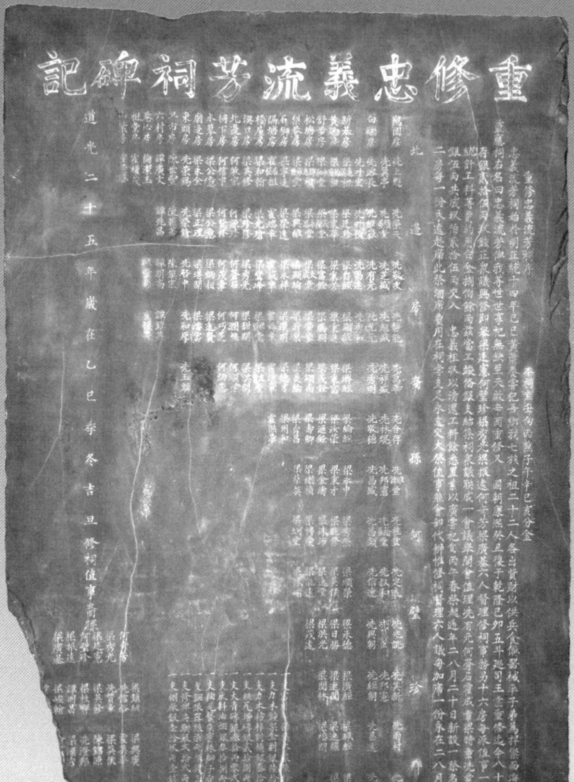

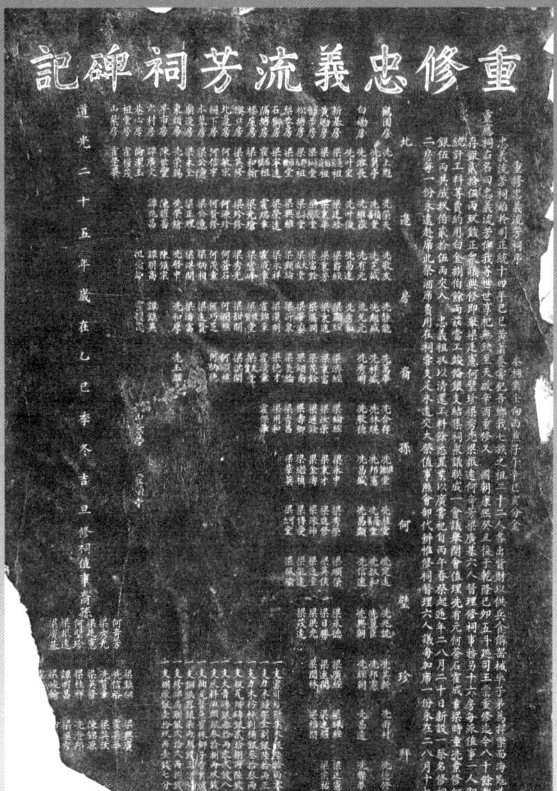

内容摘要

该碑文叙述了流芳祠因年久剥落、栋宇倾颓，实施修建的事件，记录了包括卜吉、鸠工、庀材等要事，参与重修的人员，所用的费用来源、支出途径、余下银两用途等。此外，碑文提及新设一祭“修祠百子会”，并记载了流芳祠修缮竣工后，设筵席的费用来源及赴席人员。附芳名录中还记录了二十二房的捐资名单，说明彼时的祖庙是佛山镇内维系各宗族往来的重要纽带。

录　文

重修忠义流芳祠序*

本祠坐壬向丙兼子午辛巳亥分金。

忠义流芳祠始于明正统十四年己巳，黄萧养尝犯吾乡，我七族之祖二十二人各出赀财，以供兵食、备器械，率子弟为捍御，而海寇遂平。景泰二年辛未，荷蒙朝廷……

灵应祠右，名曰忠义流芳，俾我等世世享祀无缺，至天启辛酉重修，又国朝康熙癸丑，复于乾隆己卯五斗巡司王棠重修，迄今八十余载。风霜剥落，栋宇倾颓，屡欲重修……存银贰拾伍两玖钱正。众议兴修，即举梁廷宪、何璧珍、梁秀光、梁振远、何奇芳、梁广基六人督理修祠事务，另十六房每派值事一人，即行卜吉，鸠工庀材，诹选乙巳年……统计工料等费，约用白金捌佰余两。兹当工竣，备银支结，集祠众议，联成一会，议举开会值理冼有元、何仓石、霍成章、梁时童、冼业修、何灿芳、梁正理、梁茂远、梁雍和、梁……银伍两，共成玖佰贰拾五两，交入忠义祖收，以清还工料，余悉置业，以广尝祀。自丙午春祭起，递年二、八月二十日新设一祭，名修祠百子会，使每祭各投回本银所……二房，每一份永远赴席。此祭酒席费用在祠尝支足，永远交大祭值事照会部代办。惟修祠督理六人，议每加席一份，永在二、八月十七日大祭领胙。今将各值事会……

北边房裔孙何璧珍拜撰敬□

---

* 碑额名“重修忠义流芳祠碑记”。

鹤园房：冼上魁、冼荣天、冼敬友、冼静能、冼万华、冼合存、冼维（锦）堂、冼桂堂、冼定远、冼兆诜、冼其新、冼雨村、冼德修、冼和修、冼调、冼翼亭、冼积（善）堂、冼芝盛、冼翘盛、冼祥盛、冼林焜、冼邦宪、冼荫（善）堂、冼叔和、冼翼臣、冼邦宪

白磡房：冼溶长、冼维岳、冼有元、冼允元、冼秀明、冼敬德、冼昌盛、冼昌显、冼信远、冼兴朝、冼经朝、冼昌远、冼灿华、冼干华、冼连才、冼叶宏、冼叶后、冼昌达、冼秀和

新基房：梁莲（溪）祖、梁廷珍、梁爵经、梁显经、梁济经、梁纶经、梁永中、梁秀荣、梁顺荣、梁承德、梁广经、梁珮经、梁廷宪、梁英智、梁□□

黄磡房：梁柏（庭）祖、梁秉华、梁秉芳、梁秉进、梁秉富、梁汝荣、梁秉才、梁进修、梁英侯、梁日胜、梁连闰、梁连耀、梁宗祐、梁光猷、梁□□

舒步房：梁永（和）堂、梁茂（兰）堂、梁富铨、梁腾润、梁茂铨、梁汇铨、梁金涛、梁洙沛、梁逸堂、梁洪光、梁闰林、梁福闰

松塘房：梁郡（马）祖、梁永（思）堂、梁大（成）堂、梁肇鋈、梁颂南、梁寿卿、梁继桢、梁博爱、梁能远、梁茂远

梨巷房：梁雍（睦）堂、梁兴维、梁显纶、梁沂泉、梁美纶、梁秀昌、梁群英、梁可（立）堂、梁佩瑜

石狮房：梁宁远、梁荣远、梁永祥、梁汉明、梁德才、梁用和

隔塘房：霍居（槎）祖、霍瑞章、霍成章、霍锦章、霍汉章、霍杰华

楼屋房：梁和翰、梁光玱、梁鸾峰、梁后（贤）堂、梁友（贤）堂

澳口房：梁英修、梁珍修、梁秀光、梁甜开、梁洪开

北边房：何敏宗、何源珍、何苍石、何润樵、何顺樵

栅下房：何信宇、何贤珍、何茂章、何巧芝、何炳德

水蓼房：梁公亿、梁公亿、梁炳相、梁远贤

庙边房：梁永全、梁正理、梁湛开、梁潲富

东头房：冼荣锡、冼荣鎗、冼启中、冼和厚、冼玉麟

早市房：陈世丰、陈耀蕃、陈镇宗

六村房：谭广文、谭兆昌、谭朋高、谭镇英

巷心房：伦洁玉

祖堂房：霍权茂

山紫房：霍荣华

一支富川杉料集木银陆拾两零贰钱五分三厘

一支力木钟架全副银陆拾两正

一支力木枋梓荆桷银叁拾叁两柒钱四分七厘

一支板瓦阶砖银贰拾捌两陆钱四分八厘

一支大青砖银叁拾两零贰钱八分五厘

一支灰料油烟银叁拾捌两玖钱六分二厘

一支釉瓦鳌鱼宝珠狮子香案炉银捌两玖钱……

一支铜铁器银柒两叁钱三分七厘

一支修牌扁联银贰拾贰两捌钱七分

一支棚厂银壹拾玖两壹钱七分

道光二十五年岁在乙巳季冬吉旦

修祠值事裔孙：梁廷宪、何璧珍、梁秀光、梁振远、何奇芳、梁广基、梁英修、梁桂祥、冼赞章、谭明昌、冼信裕、梁峻翰、梁镇纲、霍□□、陈锦源、冼澄邦、梁英侯、梁汇秀、霍英华、□□□、梁兴广、□□□

以物记事，以事叙史，以史启思。古籍文献是考证地方经济、政治、社会、文化的重要实物资料。明清时期，记录佛山祖庙的相关文献，有奏疏、方志、族谱、笔记、文集和画报等多种类型。从《广东通志》《南海县志》再到《佛山忠义乡志》，从佛山世家大族之族谱到文人骚客的传世著作，都可见，佛山祖庙早已成为记录佛山地方史不可缺少的重要一环，是城市发展乃至岭南地域文化研究的重要切入点和永恒命题。

收藏展示的一篇篇文献，让人深切感知祖庙历史文化变迁的脉搏。它们不仅真实客观地反映这座庙宇建立、发展的兴衰历程，也不可分割地包含有政治变革、产业经济、地理气候、人口迁移、世系谱牒、思想意识等多重信息元素。从一座庙宇的视角，能立体、多维地窥探一座历史文化名城千百年来的发展轨迹与内在精神，唯佛山祖庙所独有。

第二部分

写记春秋

——文献中的祖庙

一 志书里的“佛山祖庙”

民国《佛山忠义乡志》

（民国）冼宝榦　纂修

民国十二年（1923）刻本

佛山市祖庙博物馆藏

卷八《祠祀》中，刊载有明景泰年间敕赐灵应祠的疏稿及勘合。

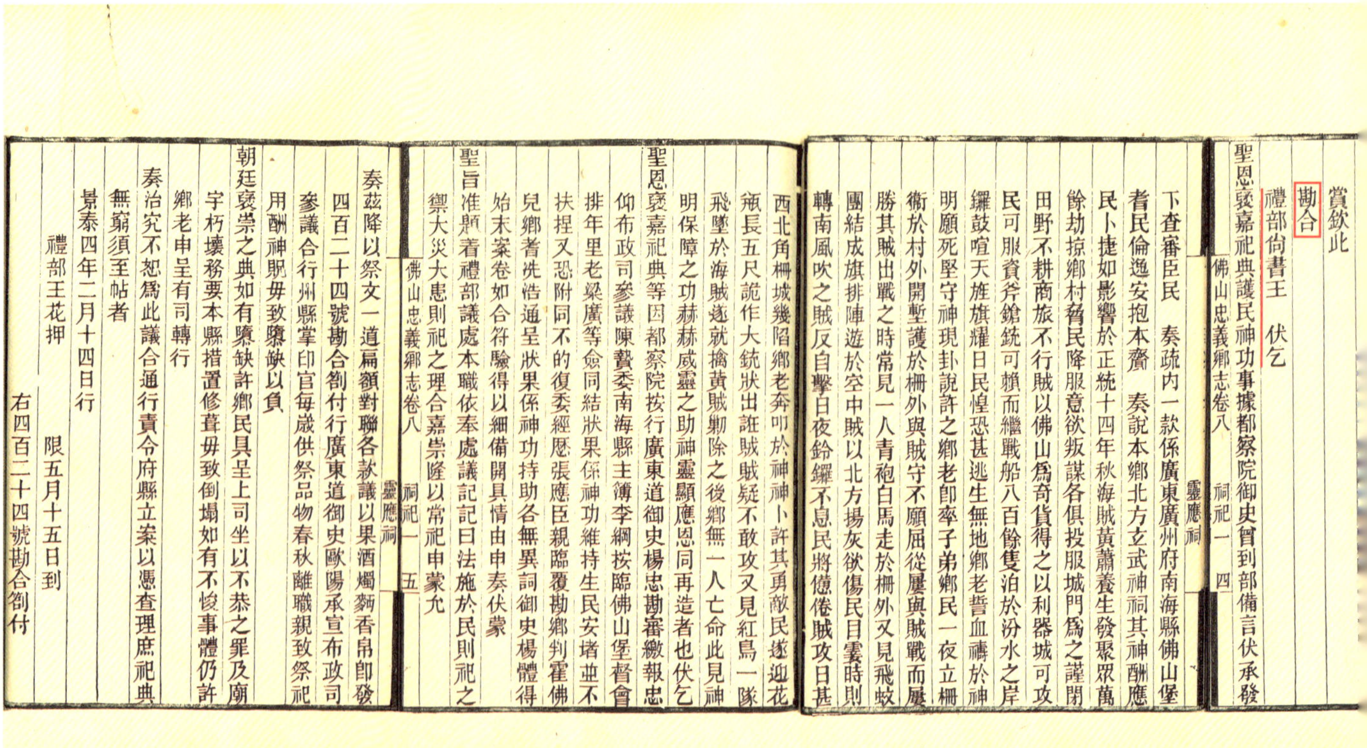
賞欽此
勘合
禮部尚書王　伏乞
聖恩褒嘉祀典護民神功事據都察院御史賀到部備言伏承發
佛山忠義鄉志卷八　祠祀一　四

靈應祠
下查審臣民　奏疏内一款係廣東廣州府南海縣佛山堡
耆民倫逸安抱本齎　奏說本鄉北方玄武神祠其神酬應
民卜捷如影響於正統十四年秋海賊黃蕭養生發聚眾萬
餘刼掠鄉村脅民降服意欲叛謀各俱投服城門爲之謹閉
田野不耕商旅不行賊以佛山爲奇貨得之以利器城可攻
民可服資斧鎗銃可賴而繼戰船八百餘隻泊於汾水之岸
鑼鼓喧天旌旗耀日民惶恐甚逃生無地鄉老誓血禱於神
明願死堅守神現卦說許之鄉老即率子弟鄉民一夜立柵
衛於村外開塹護於柵外與賊守不願屈從屢與賊戰而屢
勝其賊出戰之時常見一人青袍白馬走於柵外又見飛蚊
團結成旗排陣遊於空中賊以北方揚灰欲傷民目霎時則
轉南風吹之賊反自擊日夜鈴鑼不息民將憊倦賊攻日甚

西北角柵城幾陷鄉老奔叩於神神卜許其勇敢民遂迎花
瓶長五尺詭作大銃狀出誑賊賊疑不敢攻又見紅鳥一隊
飛墜於海賊遂就擒黃賊剿除之後鄉無一人亡命此見神
明保障之功赫赫威靈之助神靈顯應恩同再造者也伏乞
聖恩褒嘉祀典等因都察院按行廣東道御史楊忠勘審繳報忠
仰布政司參議陳贇委南海縣主簿李綱按臨佛山堡督會
排年里老粱廣等僉同結狀果係神功維持生民安堵並不
扶捏又恐附同不的復委經歷張應臣親臨覆勘鄉判霍佛
兒鄉耆冼浩通呈狀果係神功持助各無異詞御史楊體得
始末案卷如合符驗得以細備開具情由申奏伏蒙
聖旨准題着禮部議處本職依奉處議記曰法施於民則祀之
禦大災大患則祀之理合嘉崇陞以常祀申蒙允
佛山忠義鄉志卷八　祠祀一　五

靈應祠
奏茲降以祭文一道扁額對聯各款議以果酒燭麪香帛即發
四百二十四號勘合劄付行廣東道御史歐陽承宣布政司
參議合行州縣掌印官每歲供祭品物春秋離職親致祭祀
用酬神貺毋致曠缺以負
朝廷褒崇之典如有曠缺許鄉民具呈上司坐以不恭之罪及廟
宇朽壞務要本縣措置修葺毋致倒塌如有不悛事體仍許
鄉老申呈有司轉行
奏治究不恕爲此議合通行責令府縣立案以憑查理庶祀典
無窮須至帖者
景泰四年二月十四日行
禮部王花押　限五月十五日到
右四百二十四號勘合劄付

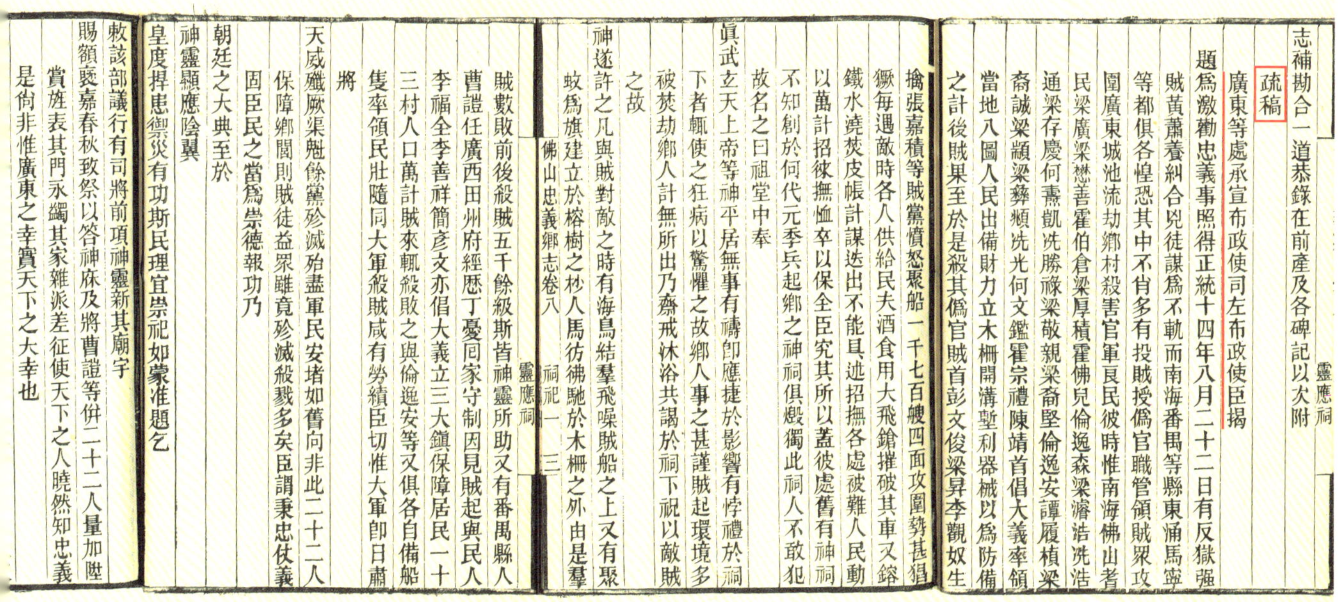

志補勘合一道恭錄在前產及各碑記以次附　靈應祠

疏稿

廣東等處承宣布政使司左布政使臣揭

題爲激勸忠義事照得正統十四年八月二十二日有反獄强

賊黃蕭養糾合兇徒謀爲不軌而南海番禺等縣東涌馬滘

等都俱各惶恐其中不肖多有投賊授僞官職管領賊衆攻

圍廣東城池流劫鄉村殺害官軍良民彼時惟南海佛山者

民梁廣梁懋善霍伯倉梁厚積霍佛兒倫逸森梁濬浩冼浩

通梁存慶何壽凱冼勝祿梁敬親梁裔堅倫逸安譚履楨梁

裔誠梁顓梁彝頫冼光何文鑑霍宗禮陳靖首倡大義率領

當地八圖人民出備財力立木柵開溝壍利器械以爲防備

之計後賊果至於是殺其僞官賊首彭文俊梁昇李觀奴生

擒張嘉積等賊黨憤怒聚船一千七百艘四面攻圍勢甚猖

獗每遇敵時各人供給民夫酒食用大飛鎗摧破其車又鎔

鐵水澆焚皮帳計謀迭出不能且逃招撫各處被難人民動

以萬計招徠撫恤卒以保全臣究其所以蓋彼處舊有神祠

不知創於何代元季兵起鄉之神祠俱燬獨此祠人不敢犯

故名之曰祖堂中奉

眞武玄天上帝等神平居無事有禱卽應捷於影響有悖禮於祠

下者輒使之狂病以驚懼之故鄉人事之甚謹賊起環境多

被焚劫鄉人計無所出乃齋戒沐浴共謁於祠下祝以敵賊

之故

神遂許之凡與賊對敵之時有海鳥結羣飛噪賊船之上又有聚

蚊爲旗建立於榕樹之杪人馬彷彿馳於木柵之外由是羣

佛山忠義鄉志卷八　祠祀一　三　靈應祠

賊數敗前後殺賊五千餘級斯皆神靈所助又有番禺縣人

曹譜任廣西田州府經歷丁憂同家守制因見賊起與民人

李福全李善祥簡彥文亦倡大義立三大鎭保障居民一十

三村人口萬計賊來輒殺敗之與倫逸安等又俱各自備船

隻率領民壯隨同大軍殺賊咸有勞績臣切惟大軍卽日肅

將

天威殲厥渠魁餘黨殄滅殆盡軍民安堵如舊向非此二十二人

保障鄉閭則賊徒益衆雖竟殄滅殺戮多矣臣謂秉忠仗義

固臣民之當爲崇德報功乃

朝廷之大典至於

神靈顯應陰翼

皇度捍患禦災有功斯民理宜崇祀如蒙准題乞

敕該部議行有司將前項神靈新其廟宇

賜額褒嘉春秋致祭以答神庥及將曹譜等併二十二人量加陞

賞旌表其門永蠲其家雜派差征使天下之人曉然知忠義

是尙非惟廣東之幸實天下之大幸也

嘉靖《广东通志》

（明）黄佐　纂修

明嘉靖刻本

广东省立中山图书馆藏

卷三十《政事志》中，“真武灵应祠”在佛山堡，作为官祀庙宇，列在其中。

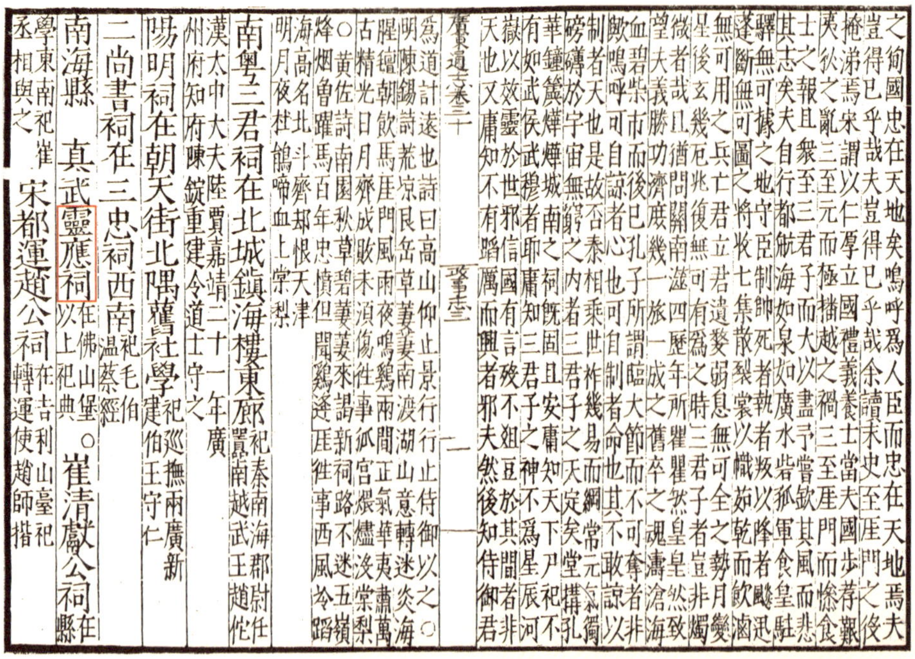
之徇國忠在天地矣嗚呼爲人臣而忠在天地焉夫豈得已乎哉夫豈得已乎哉余讀宋史至厓門之役掩涕焉宋謂以仁厚立國禮義養士當大國步荐艱夷狄之亂三至元而極揃越之禍三至厓門而慘食士之報且衆至三君子而大以盡予嘗欽其風而悲其志矣夫自行都航海如泉如廣水砦孤軍食皇駐驛無可據之地守臣制帥死者執者叛以降者颿迅蓬斷無可圖之將妝七集散裂裳以幟茹乾而飲鹵無可用之兵亡君立君遺孳弱息無可全之勢月變星後玄幾厄兆復無可有爲之時三君子者豈非燭微者哉且猶問關南澨四歷年所瞿瞿然皇皇然致望夫義勝功濟庶幾一旅一成之舊卒之魂濤滄海血碧柴市而後已孔子所謂臨大節而不可奪者非歟嗚呼可自諒者心也可自制者命也其不敢諒以制者天也是故否泰相乘世祚幾易而綱常元氣獨磅礴於宇宙無窮之內者三君子之天定矣堂搆孔華鐘簴煒煒城南之祠既固且安肅知天下尸祀不有如武侯武穆者耶肅知三君子之神不爲星辰河嶽以效靈於世耶信國有言殘不俎豆於其間者非天也又肅知不有蹈厲而興者耶夫然後知侍御君

廣東通志卷三十　政事壹　二一

爲道計遠也詩曰高山仰止景行行止侍御以之○明陳錫詩荒凉艮岳草萋萋南渡湖山意轉迷炎海腥羶朝飲馬厓門風雨夜鳴鷄兩間正氣華夷肅萬古精光日月齊成敗未須傷往事孤宮猶燼沒棠梨○黃佐詩南園秋草碧萋萋來謁新祠路不迷五嶺烽烟曾躍馬百年忠憤但聞鷄逢厓往事西風冷蹈海高名北斗齊却恨天津明月夜杜鵑啼血上棠梨

南粤三君祠在北城鎮海樓東廊祀秦南海郡尉任囂南越武王趙佗漢太中大夫陸賈嘉靖二十一年廣州府知府陳鍈重建令道士守之

陽明祠在朝天街北隅舊社學祀巡撫兩廣新建伯王守仁

二尚書祠在三忠祠西南祀毛伯溫蔡經

南海縣　真武靈應祠在佛山堡○以上祀典　崔清獻公祠在縣學東南祀崔丞相與之　宋都運趙公祠在吉利山臺祀轉運使趙師揩

嘉靖《广州志》

（明）黄佐　纂修

明嘉靖六年（1527）刻本

宁波市天一阁博物院藏

卷三十五《祀灵应祠礼》中，明确记录了灵应祠官祀祭礼的时间、祭器和祭品数量、司礼人员、祭文体例等相关礼制规格。

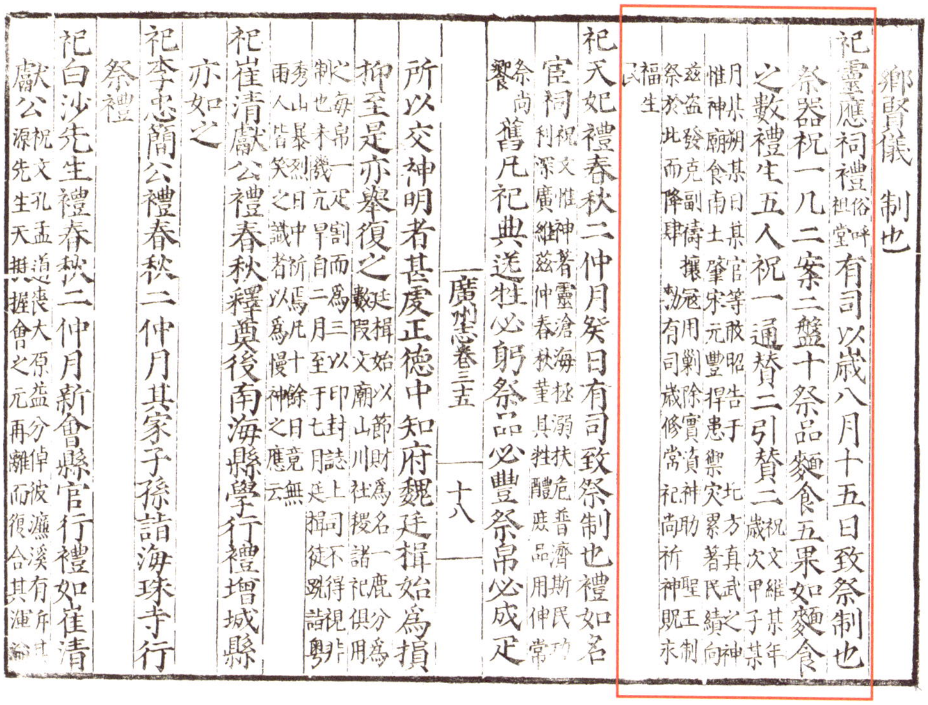

鄉賢儀制也

祀靈應祠禮俗呼祖堂有司以歲八月十五日致祭制也

祭器祝一几二案二盤十祭品麵食五果如麵食

之數禮生五人祝一通贊二引贊二祝文維某年歲次甲子某月某朔某日某官等敢昭告于北方真武之神惟神廟食南土肇宋元豐捍患禦災累著民績向茲盜發克副禱禳寇用剿除實資神助聖王制祭於此而降肆勑有司歲修常祀尚祈神貺永福生民

祀天妃禮春秋二仲月癸日有司致祭制也禮如名

宦祠祝文惟神著靈滄海拯溺扶危普濟斯民功利深廣維茲仲春秋謹具牲醴庶品用伸常祭尚饗

舊凡祀典送牲必躬祭品必豐祭帛必成疋

廣州志卷三五　十八

所以交神明者甚虔正德中知府魏廷揖始爲損

抑至是亦舉復之廷揖始以節財爲名一鹿分爲數假文廟山川社稷諸祀俱用之每帛一疋割而爲三以印封誌上司不得視作制也未幾元旱自二月至于七月廷揖徒跣詣粵秀山暴烈日中祈禱凡十餘日竟無雨人皆笑之識者以爲慢神之應云

祀崔清獻公禮春秋釋奠後南海縣學行禮增城縣

亦如之

祀李忠簡公禮春秋二仲月其家子孫詣海珠寺行

祭禮

祀白沙先生禮春秋二仲月新會縣官行禮如崔清

獻公祝文孔孟道喪大原益分倬彼濂溪有開其源先生天挺握會之元再離而復合其淮論

道光《南海县志》

（清）潘尚楫等　修

清同治八年（1869）刻本

广东省立中山图书馆藏

卷十二《建置略四》载有："北帝庙，在佛山堡名忠义乡灵应祠，明正统十四年，黄萧养乱，神示灵佑，有司岁祀之。景泰中奉旨春秋致祭。"

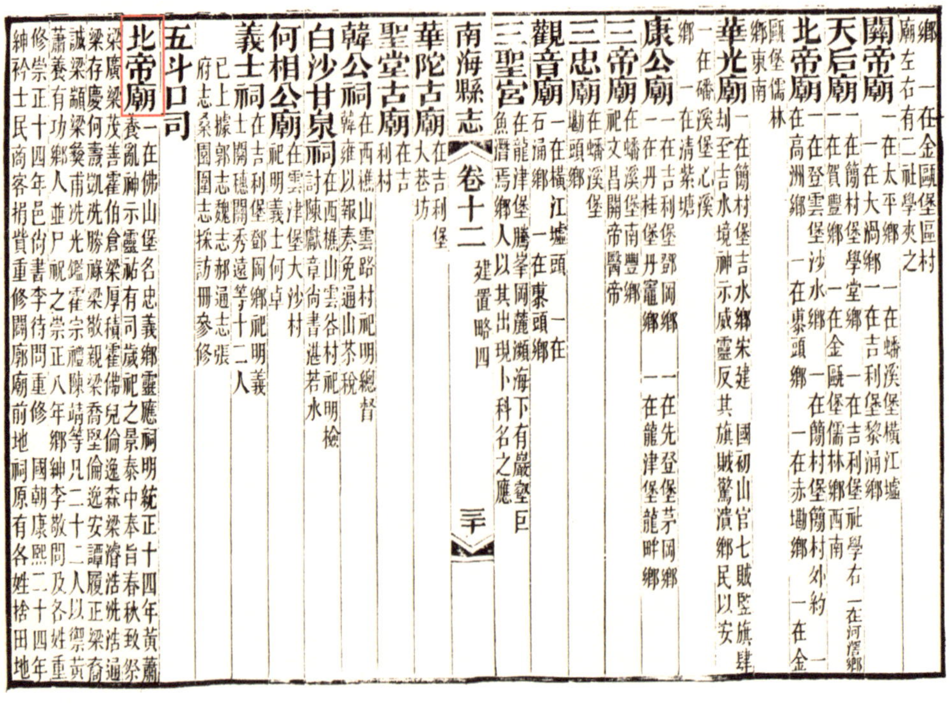
鄉一在金甌堡區村廟左右有二社學夾之
關帝廟一在太平鄉一在蟠溪堡橫江墟一在大渦鄉一在吉利堡黎涌鄉
天后廟一在簡村堡學堂鄉一在吉利堡社學右一在河澤鄉一在賀豐鄉一在金甌堡儒林鄉西南
北帝廟一在登雲堡沙水鄉一在簡村堡簡村外約一在高洲鄉一在寨頭鄉一在赤墈鄉一在金甌堡儒林鄉東南
華光廟一在簡村堡吉水鄉宋建國初山官七賊竪旗肆劫至吉水境神示威靈反其旗賊驚潰鄉民以安一在磻溪堡心溪鄉一在清紫塘
康公廟一在吉利堡鄧岡鄉一在先登堡芧岡鄉一在丹桂堡丹竈鄉一在龍津堡龍畔鄉
三帝廟在蟠溪堡南豐鄉祀文昌關帝醫帝
三忠廟在蟠溪堡勘頭鄉
觀音廟一在橫江墟頭一在石涌鄉一在寨頭鄉
三聖宮在龍津堡騰岸岡麓瀬海下有巖壑巨魚潛焉鄉人以其出現卜科名之應

南海縣志《卷十二　建置略四　手

華陀古廟在吉利堡大巷坊
聖堂古廟在吉利村
韓公祠在西樵山雲路村祀明總督韓雍以報奏免通山茶稅
白沙甘泉祠在西樵山雲谷村祀明檢討陳獻章尚書湛若水
何相公廟在雲津堡大沙村祀明義士何卓
義士祠在吉利堡鄧岡鄉祀明義士關穗關秀遠等十二人
已上據郭志魏志郝通志張府志桑園圍志採訪冊參修
五斗口司
北帝廟一在佛山堡名忠義鄉靈應祠明統正十四年黃蕭養亂神示靈祐有司歲祀之景泰中奉旨春秋致祭梁廣梁茂善霍伯倉梁厚積霍佛兒倫逸森梁濬浩冼浩通梁存慶何壽凱冼勝祿梁敬親梁喬堅倫逆安譚履正梁裔誠梁顓梁彝甫冼光鑑霍宗禮陳靖等凡二十二人以禦黃蕭養有功鄉人並尸祝之崇正八年鄉紳李敬問及各姓重修崇正十四年邑尚書李待問重修 國朝康熙二十四年紳衿士民商客捐貲重修闢廓廟前地祠原有各姓捨田地

二七二

塘萬歷二十三年丈過實稅六十八畝供祭陳贄祖廟靈應
記畧南海縣佛山堡東距廣城僅五十里民廬櫛比屋瓦鱗
次幾萬餘家習俗淳厚士修學業農勤耕稼工擅鑪冶之巧
四遠商販恆輻輳焉境內神廟數處有所謂祖廟者奉真武
上帝像因歷歲久遠故鄉人以祖廟稱之水旱災沴有所祈
禳夙著靈響一鄉之人奉之惟謹大明正統十四年己巳秋
海賊黃蕭養初以行劫禁錮越獄亡命有司緩于追捕遂糾
合惡黨剽掠村落擄貲貨焚廬舍迫脅兵民從之爲逆弗從
輙殺之聚其烏合之衆以數萬計舟櫓塞川攻圍廣城而南
海番禺諸村堡多有從爲逆者聲言欲攻佛山父老赴祖廟
叩之于神以卜來否神謂賊必來宜蚤爲備于是耆民聚
鄉人子弟自相團結選壯□治器械浚築濠塹竪木柵周十
許里沿柵置鋪凡三十有□每鋪立長一人統三百餘衆刑
牲歃血誓於神曰苟有臨敵退縮懷二心者神必殛之衆皆
以忠義自許莫不慷慨思奮居無何賊果率舟數百至而其
比鄰村堡從逆者皆覘佛山爲奇貨破之則大有所虜獲以
充其欲是以四面環而攻之者晝夜弗休每當戰父老必禱
于神許之出戰則戰必大勝斬獲不許則嚴兵防守不敢輕
出賊夜遙見柵外列兵甚盛有海鳥千百爲羣飛噪賊舟上
又見飛蚊結陣自廟間出飄曳空中若旗幟形賊屢攻而屢
敗之獲賊首級千數百計賊又造雲梯臨柵阻于溝塹不能
前刼衆擲火炬焚之賊計窮無如之何遂退兵二里許聯舟
而營意將久住俟柵內食盡人憊不攻自破矣然佛山大家
巨室藏蓄頗厚各出糧餉資給人皆飽食無慮賊中有自恃

南海縣志〈卷十二　建置略四　三〉

勇悍趯足向柵嫚駡者柵內火鎗一發中之即斃凡若此者
鄉人皆以爲神助也賊雖不復敢攻而相持累月弗退景泰
改元四月十一日黃蕭養被擒就戮于廣城賊聞之一久散
去蓋佛山爲廣城上游足爲聲援佛山失守則廣城愈危其
所關係豈細故哉賊平後予與僉憲淮陽宮公安同出諸處
村落招撫民之被寇流散者俾還復業因過佛山見其濠塹
木柵與凡戰艦俱完然在召其父老而獎勞之父老述神明
靈應事甚詳悉予與宮公往謁祠下再拜瞻仰嗟嘆久之諸
父老請予爲文記其事以示來世予歸而言於方伯揭公稽
既而公以佛山耆民能保護境土及真武靈應疏聞於朝命
下覆實而父老復詣予請記甚勤因爲備書而詳錄之俾後
之來者世世嚴奉無有懈怠則神亦福汝庇汝於無極矣請
文立石耆民名氏列之碑陰是爲記　一在佛山石角涌一
在龍袍街祔祀明太子少保禮部尚書霍韜　一在富榮里一
一在平洲堡大墟　一在石磕　一在叠滘堡聖堂墟一名
武當行宮明龐尚龍碑記未錄　一在溶州堡坑口岡邊一
在深村堡磻陽鄉
在魁岡堡瀾石鄉

南海神洪聖廟　一在磻陽鄉　一在佛山堡普君墟旁祀先鋒故老相傳爲漢伏波樓船副將軍先下各
關隘全活粵民甚衆民報祀之特著靈異粵俗多先鋒廟想
即此神也　一在岳廟鋪　一在鶴園圍　一在大基鋪
一在富文鋪

〔道光〕南海縣志　卷一二　建置略四

《佛山忠义乡志》自清康熙始修，直至民国，历四次修纂，是目前为止记载佛山历史全貌唯一的珍贵史料。现留存三个时期所修的本子，分别为清乾隆陈炎宗总辑、清道光吴荣光撰、民国冼宝榦撰。三套乡志的卷数和内容略有差异，但其中收录关于佛山祖庙的章节均十分丰富，包括祠内图景、祝文祭器、修建历程、碑刻诗文等，充分反映了祖庙在佛山发展历程中的重要地位和深远影响。

乾隆《佛山忠义乡志》

（清）陈炎宗　纂修

清乾隆十七年（1752）刻本

佛山市博物馆藏

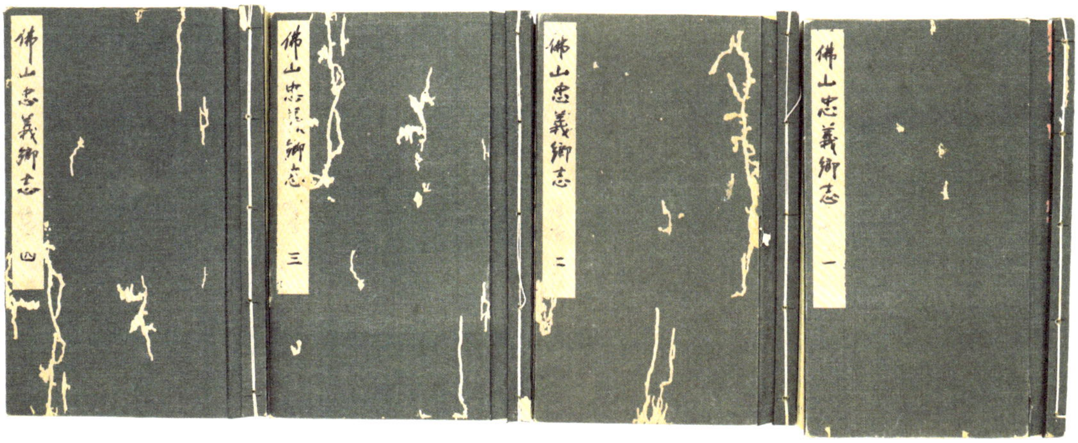
佛山忠義鄉志 四
佛山忠義鄉志 三
佛山忠義鄉志 二
佛山忠義鄉志 一

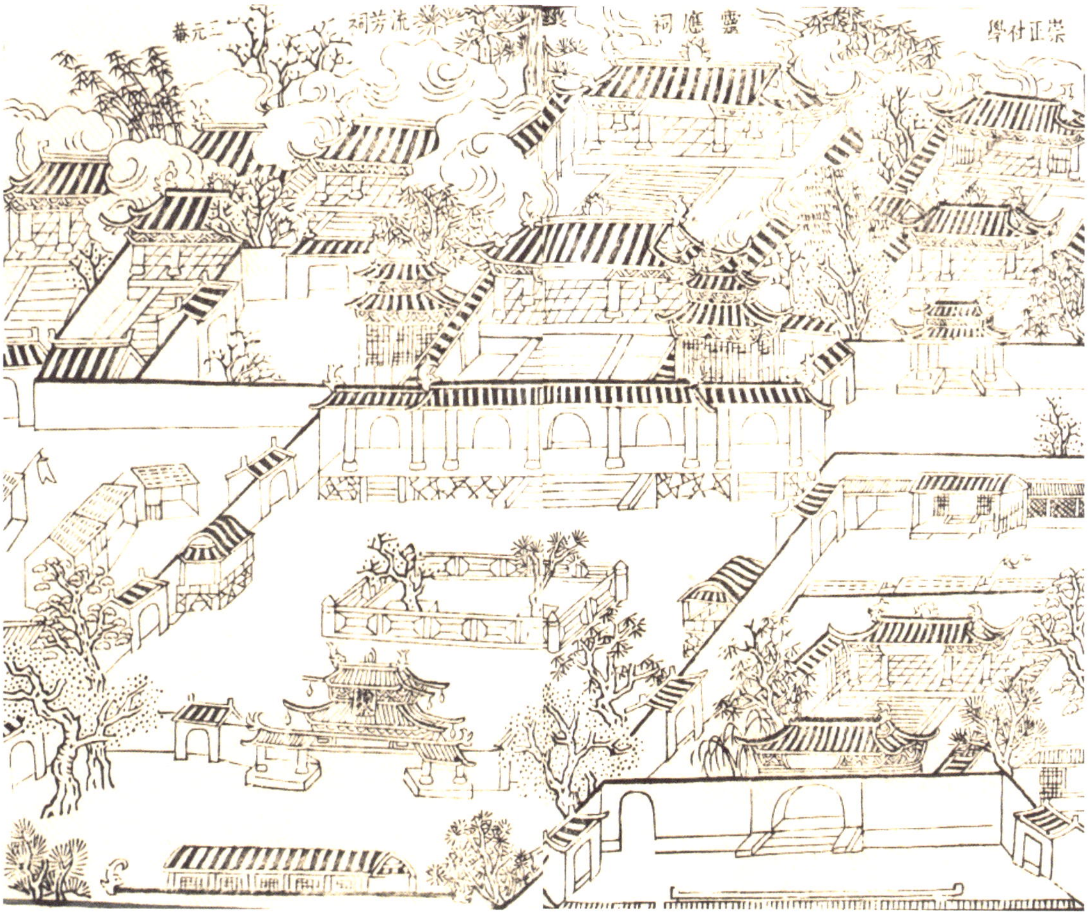
崇正社學
靈應祠
流芳祠
二元華

道光《佛山忠义乡志》

（清）吴荣光　纂修

清道光十年（1830）刻本

佛山市博物馆藏

民国《佛山忠义乡志》

（民国）冼宝榦　纂修

民国十二年（1923）刻本

佛山市祖庙博物馆藏

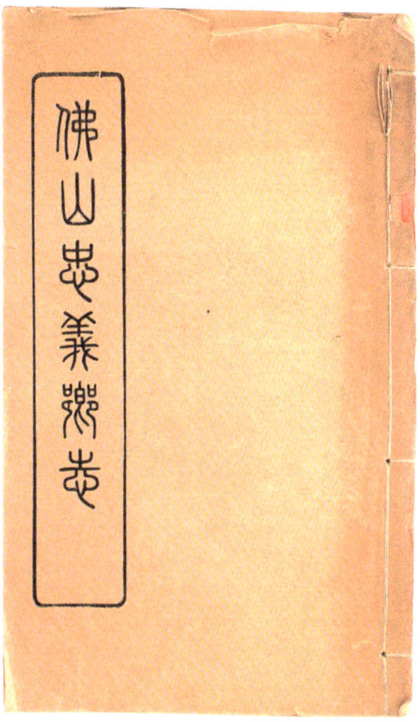

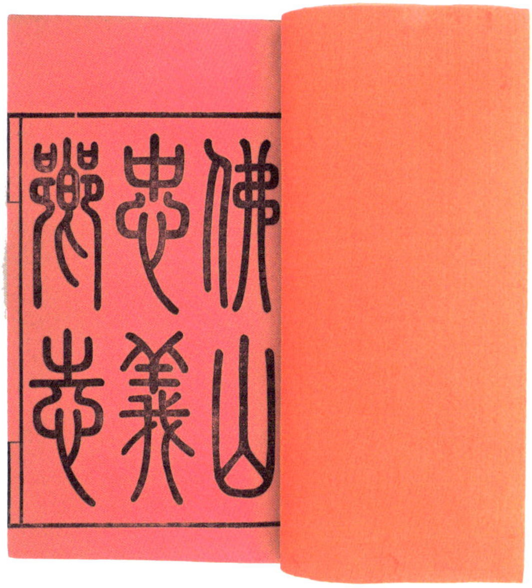

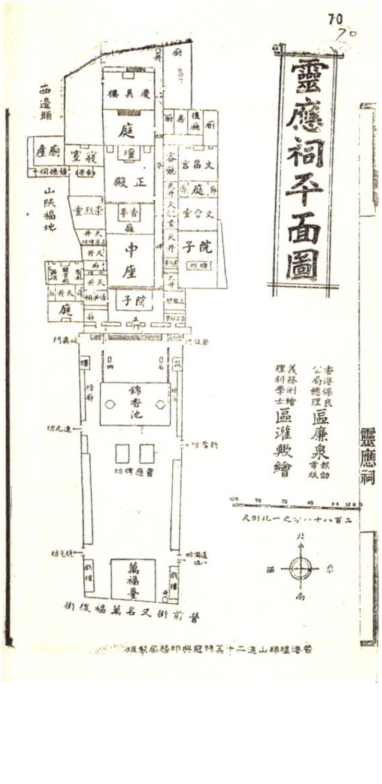

二 族谱里的“佛山祖庙”

《南海佛山霍氏族谱》

（清）霍承恩　纂修

清道光二十八年（1848）刻本

广东省立中山图书馆藏

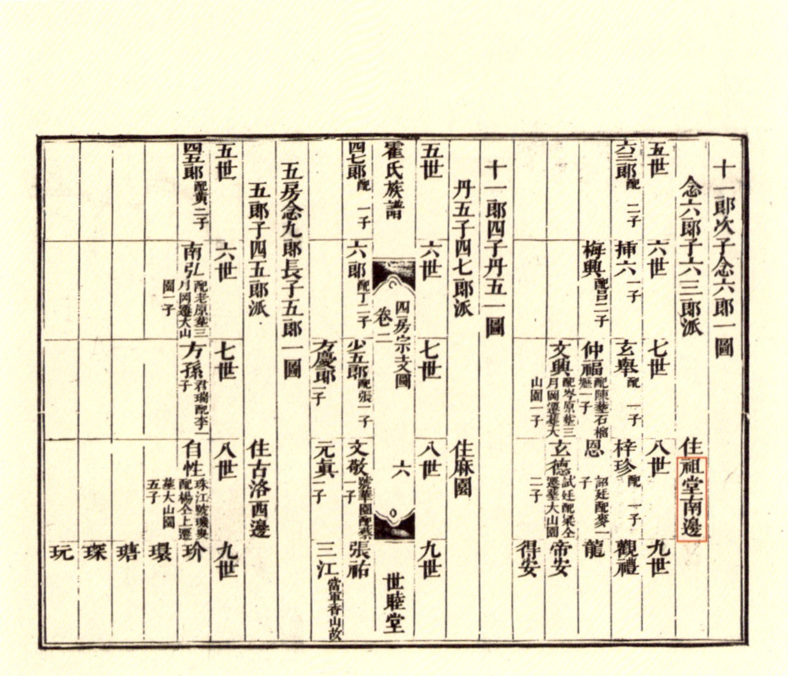

十一郎次子念六郎一圖

念六郎子六三郎派

佳祠堂南邊

五世　六世　七世　八世　九世

十一郎四子丹五一圖

丹五子四七郎派

佳麻圖

霍氏族譜　卷二　四房宗支圖　六　世馨堂

五房念九郎長子五郎一圖

五郎子四五郎派

佳古洛西邊

卷二：记载原居山西平阳的霍氏，在宋靖康年间，举族迁至南粤，先抵南雄珠玑巷，后又在南迁始祖正一郎公带领下迁至佛山定居，三世后分六房，其中一房散居于祖堂南侧。“祖堂”为祖庙早期称谓，说明南宋时期祖庙已兴建存在，祖庙一带也成为南迁士民在佛山聚族而居的重要区域。

卷九：记述了十世祖霍宗礼因参与明正统年间佛山抗击黄萧养有功，“褒封忠义官”的事迹，里面描述了真武“灵应”的景象，并提及佛山被敕封为“忠义乡”、建流芳祠、享春秋谕祭的重要历程。

十世祖褒封忠義官禮翹公家傳

公諱宗禮字禮翹吾六世從祖也按吾宗始祖自宋正一郎公孫霍州避地遷南海後遂占籍焉歷七傳至以道公行輩而家始大以道公生繩先公繩先公生茂才公太裕郎公皇考公生而太裕公即世公誕辰即父諱日也公幼有至性嘗以父壽詢母母告以故每一念則吟吟嗟焉復涔涔淚下不止欲報罔極無由也嘗私語曰無父何怙昔人所悲吾父豈不欲顧復我哉天無私覆地無私載天地豈忍孤我哉吾思夫使我至此者求之而弗得也每一念則又盈盈嗟焉復涔涔淚下不能止甫成童力學有異質雅不好弄塾師奇之集古帝王賢聖及三代後廢興存亡之端與夫性學字學簡要通曉之言手錄成帖句讀以授公輒曉暢間及古人忠臣孝子如武侯出師武穆破敵不禁踴躍經世之志蓋垂髫然矣性至孝事主母勞暨所生母泣遵其訓比就外傅讀書攻苦竟日忘倦暮歸篝燈熒熒咿唔聲與母之緘縩相左右也屢試童子以文古不入時格輒蹶家貧無以爲養出治生拮据所入盡以供母菽水歡母病泣籲身代後居喪哀毀骨立至除禫未嘗一御酒肉酷愛子弟讀書每導以持身大節貧者則代爲之給修脯筆札之費宗黨戚屬有困乏不能自存亦量力周卹之居鄉行誼自少至老無間言正統十三年王蕭養反據廣州僭稱東陽王合郡惶恐時剽城攻邑

霍氏族譜　褒封忠義禮翹公傳　十五　卷九　世睦堂

剽掠虔劉縉紳屠戮士女衆汙郡人多頓顙賊庭受其僞職賊至是以佛山爲省會要區諸部孱障盡率其黨舟下汾江焚刼將大肆其虎視焉公從燕會閒之投箸而起意氣勃勃亟與從叔隔塘松莊兩公臂畫指顧號名鄉之仗義者誓于靈應祠神爰聲大義明目張膽而言曰今日之事雖非析骸易子之危實有負汲然眉之困我輩莫惜一死誓不遺賊同時盟心討賊者先是有二十四人至興師時牽牲告廟羊忽躑躅不前公乃大聲疾呼曰同事中得毋有懷二心者乎察得其實遂梟二人于道一時奉頭鼠竄輩爲之股栗軍聲大振士氣百倍奮擊賊鋒闖弓射殺其僞千戶數人手刃百人賊驚潰而圍解于是佛山隱然有金湯之固而數十鄉民亦藉以無恐公等二十二人捍禦之功詎不偉哉已而事平大宗伯揭稽上其事于朝有旨褒嘉特賜佛山爲忠義鄉春秋諭祭鄉人建流芳祠奉公等尸祝以報厥功焉吾因之而有感矣自有佛山以來歷代之豪族富家不知其幾萬億高甍巨桷歌臺舞榭蔽雲日而出風雨者不知其幾更變今皆消滅泯盡而此流芳一祠如魯靈光殿巋然獨存二十二老名姓亦死且不朽忠義正氣將與天地相悠久孔子所謂誠不以富亦祇以異者公等庶乎近之與予故叙公傳而并及之且以見吾家之忠義世篤者其來有自也

中憲大夫贊治尹太僕等少卿六世從孫得之拜譔

霍氏族譜　褒封忠義禮翹公傳　十六　卷九　世睦堂

《南海金鱼堂陈氏族谱》

（清）陈其晖　修

清光绪二十三年（1897）刻本

广东省立中山图书馆藏

卷九：收录陈炎宗［清乾隆十三年（1748）进士］所撰碑文三篇：

《修桂香书院及建屋广祖碑记》中表明桂香书院于清康熙年间建于灵应祠前。

《拨祠租给会课碑记》，详细记录了清乾隆二十六年（1761）划拨灵应祠租银三十六两，用于庙侧义学的会课费用之事。

《重修南海佛山灵应祠碑记》记录了从乾隆二十四年（1759）秋到乾隆二十六年（1761）腊月祖庙大修的历程。

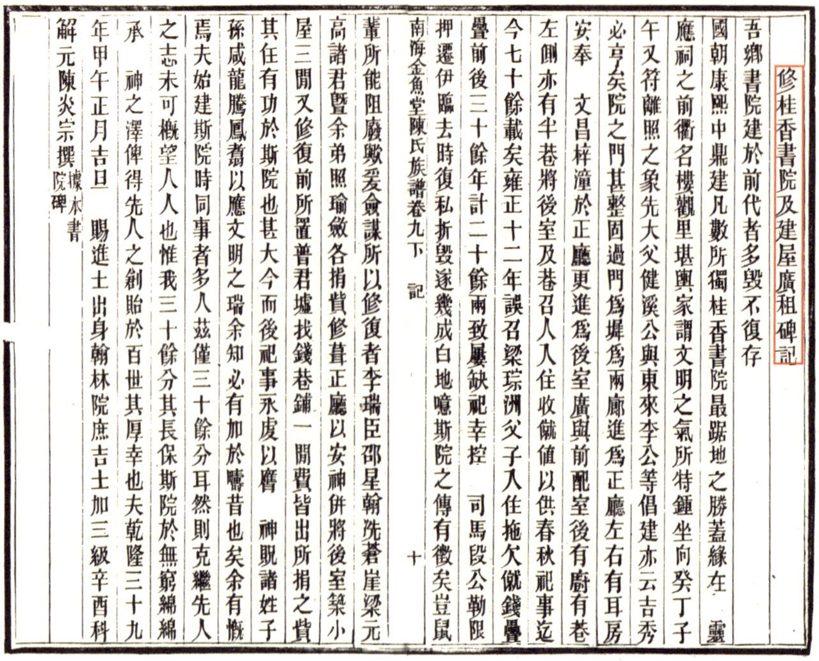

修桂香書院及建屋廣租碑記

吾鄉書院建於前代者多毀不復存
國朝康熙中鼎建凡數所獨桂香書院最踞地之勝蓋緣在　靈
應祠之前衢名樓觀里堪輿家謂文明之氣所特鍾坐向癸丁子
午又符離照之象先大父健溪公與東來李公等倡建亦云吉秀
必亨矣院之門甚整固過門爲墀爲兩廊進爲正廳左右有耳房
安奉　文昌梓潼於正廳更進爲後室廣與前配室後有廚有巷
左側亦有半巷將後室及巷召人入住收僦值以供春秋祀事迄
今七十餘載矣雍正十二年誤召梁琮洲父子入住拖欠僦錢疊
疊前後三十餘年計二十餘兩致屢缺祀幸控　司馬段公勒限
押遷伊臨去時復私拆毀遂幾成白地噫斯院之傳有徵矣豈鼠

南海金魚堂陳氏族譜卷九下　記　十

輩所能阻廢歟爰僉謀所以修復者李瑞臣邵星翰冼耆崖梁元
高諸君暨余弟照瑜斂各捐貲修葺正廳以安神併將後室築小
屋三間又修復前所置普君墟找錢巷鋪一間費皆出所捐之貲
其任有功於斯院也甚大今而後祀事永虔以膺　神貺諸姓子
孫咸龍騰鳳翥以應文明之瑞余知必有加於疇昔也矣余有慨
焉夫始建斯院時同事者多人茲僅三十餘分耳然則克繼先人
之志未可概望人人也惟我三十餘分其長保斯院於無窮綿綿
承　神之澤俾得先人之創貽於百世其厚幸也夫乾隆三十九
年甲午正月吉日　賜進士出身翰林院庶吉士加三級辛酉科
解元陳炎宗撰據本書院碑

撥祠租給會課碑記

夫事有創之於前久而無容易者必其勢之可長守也亦有創之
前旋或變而通之者則其時之合更張也惟不失創之之意而又
有以永其傳則雖起創者於今日應且歎爲實獲我心焉爾吾鄉
之文章甚盛而社學之會課尤昭其始無恆式或疎或數間又隳
弛爰有李君公冕梁君翰章等創爲久遠計於 靈應祠外築兩
旁小肆二十餘間收僦值以供課事蓋糾衆貲而成者時康熙癸
未歲也會課歲凡四舉以春夏秋之偶月循之至今垂六十歲矣
其擘畫措置洵大有裨於文事者顧天下事有其舉之莫可廢也
而或格於勢之所難行黜於義之所當革則故轍雖仍而機在善
轉要使美舉常存實有所藉以引於無盡此非識因時之妙操易
南海金魚堂陳氏族譜卷九下　記　四
簡之術者不能易曰窮則變變則通通則久其謂是歟夫前所築
肆 靈應祠地也借祠地而有助於鄉之人文 神之所不禁也
今以修祠之故務極宏麗不撤兩旁小肆胡以壯觀瞻而稱鉅雄
則盡毀而以地還祠蓋勢不容已而義不得緩也然則會課將由
是而廢乎曰何可廢也前六十載之有會課固資 神之地利矣
茲宜仍求 神之終其惠俾多士世世拜 神之賜也余知 神
必樂與而勿論也於是社中諸同人議歲劃祠租銀三十六兩以
充課費輿情協士心欣殆善繼昔人之志也夫夫神錫福於吾鄉
至渥也錫福以教思之無窮爲大 神若將其所有以仰贊
聖天子文治故創建義學歲靡七八十金皆於祠租取給會課與
義學同條共貫耳彼既承給此亦宜然況所給不及義學之半若

尤簡而易行哉雖然社中受 神之惠固永賴矣而所以爲報稱
者安在夫乘此撥給之初毅然振起謹飭其規款豐備其功需庶
可宜 神德而光文壘乎若第循一歲四舉之故事苟且塞責是
委 神貺於草莽也且前仗小肆之租尚或有逋欠不及時之慮
今則叩祠箱而即應視前更完便又奚爲不公慎以勸雅典哉吾
知淬厲日勤才華輩出當必有負閎博之望膺絲綸之任者是
神之大有造於吾鄉士也而始事李梁諸君亦當默慶繼我者之
善成其美矣此千秋佳事不可不記諸同人因以見屬於是乎書
乾隆二十六年歲次辛已冬十一月穀旦陳炎宗撰

南海金魚堂陳氏族譜卷九下　記　五

重修南海佛山靈應祠碑記

國家治隆化洽百神效靈雖村社田師亦福民而享報況司天一
之水稱北方之帝者哉吾鄉有　靈應祠厥祀北帝曷名靈應則
以明景泰時　神捍大患之故蓋眷護所由來舊矣迄今士庶殷
繁文物蔚盛倍加於疇昔非　神之益昭其庇歟夫虔於事　神
用仰承
聖天子敬　神之德意此固官是地居是地者之所宜爲奚敢有
圮弗修有美弗飾也哉駐防司馬趙公覩斯祠之將頹慨然興修
舉之志爰謀諸鄉之人士僉曰願如公旨各輸其力合貲一萬貳
千有奇經始於己卯之秋迄辛巳之臘月告成懽趨樂事殆　神
之感孚者深歟其規度高廣仍舊無減增從青烏家言也材則易

其新艮工則期於堅緻門庭堂寢巍然煥然非復向之樸略矣門
外有棹楔則藻澤之棹楔前爲歌舞臺則恢拓之左右垣舊連矮
屋則盡毀而撤之但築淺廊以貯碑扁由是截然方正豁然舒廠
與祠之壯麗相配其聖樂宮及祠右之觀音堂亦并修建圖整肅
也於以揭虔妥靈其庶幾與夫　神之祠徧天下獨是祠邀
論祭之典故錫福無疆久乃彌著　神若藉以報春秋禮饗之
休命也然則今之棟宇煇煌余知神必陟鑒安居以綿威惠於是
地焉爾抑余聞之神無不愛於人而予福則量其可受惟慶　神
之新其祠卽勉以自新其德則迓嘉祥而拜　神賜必屬桑梓之
吉人且爲國家之艮士此則司馬公之所厚期於吾鄉者而非徒
以重修侈雄鉅之觀也余曩修鄉志於祠事載之極詳亦欲鄉之

父老子弟羣入祠而生敬隨發其仁義之馨香斯俗美風淳不負
神之保庇茲何幸新祠之益有以聳其目也余竊忭焉會值事
諸君以記言見屬遂欣然振筆從之爲次其槩以鐫諸石俾盛事
傳於世世無窮云乾隆二十七年歲次壬午季秋吉旦　賜同進
士出身翰林院庶吉士解元陳炎宗撰

《南海鹤园陈氏族谱》

陈万豫，陈春发　纂修

民国八年（1919）刻本

广东省立中山图书馆藏

明洪武以来，图甲制度施行，佛山堡共分为八图八十甲，八图居民成为佛山最早立户注籍的合法居民。在该族谱卷四所记录的“八图事务”中，围绕祖庙开展了众多公共活动，如醮会、斋叙、乡饮酒礼等。

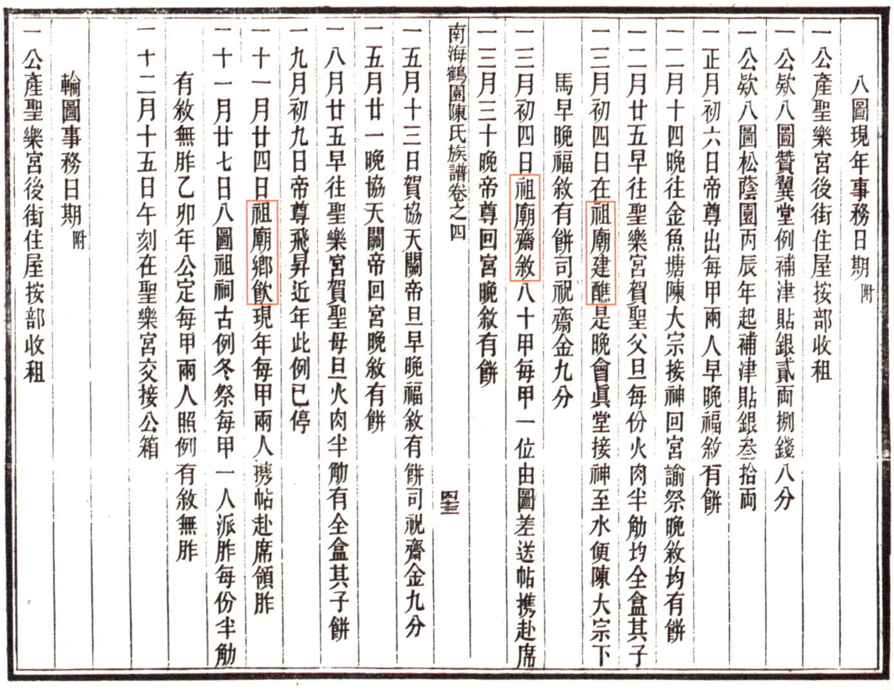
八圖現年事務日期附
一公產聖樂宮後街住屋按部收租
一公欵八圖贊翼堂例補津貼銀貳両捌錢八分
一公欵八圖松蔭園丙辰年起補津貼銀叁拾両
一正月初六日帝尊出每甲兩人早晚福敍有餅
一二月十四晚往金魚塘陳大宗接神回宮諭祭晚敍均有餅
一二月廿五早往聖樂宮賀聖父旦每份火肉半觔均全盒其子
一三月初四日在祖廟建醮是晚會眞堂接神至水便陳大宗下
馬早晚福敍有餅司祝齋金九分
一三月初四日祖廟齋敍八十甲每甲一位由圖差送帖携赴席
一三月三十晚帝尊回宮晚敍有餅
南海鶴園陳氏族譜卷之四　四二
一五月十三日賀協天關帝旦早晚福敍有餅司祝齋金九分
一五月廿一晚協天關帝回宮晚敍有餅
一八月廿五早往聖樂宮賀聖母旦火肉半觔有全盒其子餅
一九月初九日帝尊飛昇近年此例已停
一十一月廿四日祖廟鄉飲現年每甲兩人携帖赴席領胙
一十一月廿七日八圖祖祠古例冬祭每甲一人派胙每份半觔
有敍無胙乙卯年公定每甲兩人照例有敍無胙
一十二月十五日午刻在聖樂宮交接公箱
輪圖事務日期附
一公產聖樂宮後街住屋按部收租

《南海鹤园冼氏家谱》

（民国）冼宝榦　编
清宣统二年（1911）刻本
广东省立中山图书馆藏

卷六《人物谱·列传》中《六世月松公传》，记录了明正统年间抗击黄萧养叛乱的主事者之一——冼灝通的生平，详载了冼氏作为乡长率领族人奋勇御敌，取胜后归为“天地神明之力”，由此佛山敕赐“忠义乡”，祖庙被敕封为“灵应祠”的事迹。

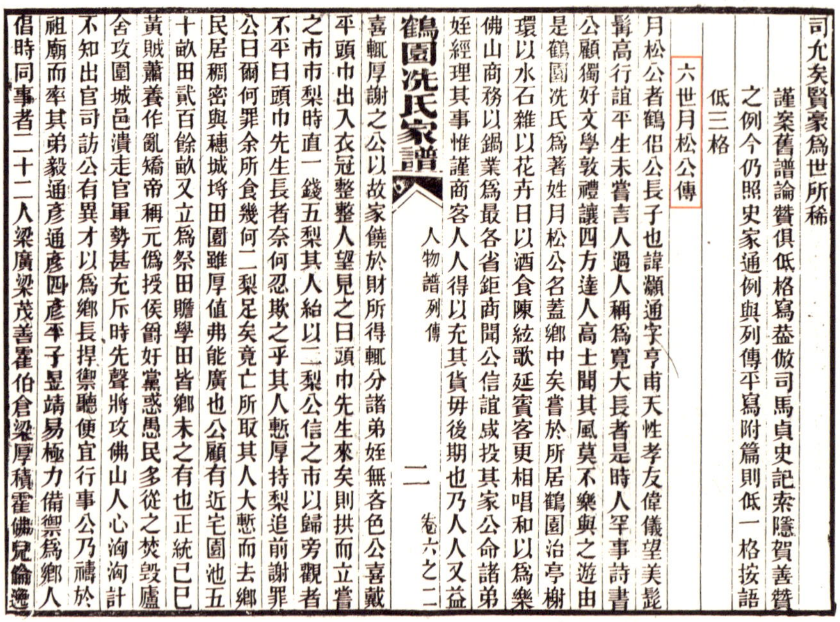

司允矣賢豪爲世所稱
謹案舊譜論贊俱低格寫蓋倣司馬貞史記索隱賀善贊
之例今仍照史家通例與列傳平寫附篇則低一格按語
低三格
六世月松公傳
月松公者鶴侶公長子也諱灝通字亨甫天性孝友偉儀望美髭
髯高行誼平生未嘗言人過人稱爲寬大長者是時人罕事詩書
公顧獨好文學敦禮讓四方達人高士聞其風莫不樂與之遊由
是鶴園冼氏爲著姓月松公名蓋鄉中矣嘗於所居鶴園治亭榭
環以水石雜以花卉日以酒食陳絃歌延賓客更相唱和以爲樂
佛山商務以鍋業爲最各省鉅商聞公信誼咸投其家公命諸弟
姪經理其事惟謹商客人人得以充其貨毋後期也乃人人又益
鶴園冼氏家譜　人物譜列傳　二　卷六之二
喜輒厚謝之公以故家饒於財所得輒分諸弟姪無吝色公喜戴
平頭巾出入衣冠整整人望見之曰頭巾先生來矣則拱而立嘗
之市市梨時直一錢五梨其人紿以二梨公信之市以歸旁觀者
不平曰頭巾先生長者奈何忍欺之乎其人慙厚持梨追前謝罪
公曰爾何罪余所食幾何二梨足矣竟亡所取其人大慙而去鄉
民居稠密與穗城埒田園雖厚值弗能廣也公顧有近宅園池五
十畝田貳百餘畝又立爲祭田贍學田皆鄉未之有也正統已巳
黃賊蕭養作亂矯帝稱元僞授侯爵奸黨惑愚民多從之焚毀廬
舍攻圍城邑潰走官軍勢甚充斥時先聲將攻佛山人心洶洶計
不知出官司訪公有異才以爲鄉長捍禦聽便宜行事公乃禱於
祖廟而率其弟毅通彥通彥四彥平子昱靖易極力備禦爲鄉人
倡時同事者二十二人梁廣梁茂善霍伯倉梁厚積霍佛兒倫逸

森梁濬浩梁存慶何叢凱冼勝祿梁敬親梁喬堅倫逸安譚履禎
梁裔誠梁顯梁彝甫冼光鑑霍宗禮陳靖等公用其策列柵爲城
鑿溝爲塹置鋪舍立旗幟利器械鳴金鼓下令曰灝通不才謬辱
上命爲若輩保妻子念今日之事國事也分以死圖報不顧私家
矣若輩宜協心力以保厥家有異志者殺無赦戰陣無勇者殺無
赦人各食其糧卒有急灝通願罄儲共食若輩恭命無忽衆皆應
曰諾乃刑牲歃血爲誓人人感激士氣百倍遠近被賊掠害者聞
風嚮應聲勢大震已而賊果擁衆至遣僞侯李某諭降公季子易
拔劍擊殺之賊怒乃伐木爲橋將渡塹攻城公用大銃實以火藥
石彈大如碗輒擊斃之數開門挑戰戰輒勝斬首二千餘級賊知
不能下然以佛山爲廣城聲援必欲得之乃聯舟爲營侯柵內食
盡可不攻自破也第鉅家積蓄頗厚無慮色賊居久之乃大呼公

鶴園冼氏家譜　人物譜列傳　三　卷六之二

名曰若早降當封若爲侯以佛山爲若食邑餘以次受封若降遲
佛山人民徒膏草野耳公大罵曰亡賊自作滅族計天地神明將
殛汝我將殺汝食汝肉乃從汝乎賊大怒顧自忖久住非計乃舍
去亡何就擒官司復命公平村民之從賊者公命仲子靖往靖廉
察其情咸釋之存活甚衆賊平議賞鎮撫侍郎揭稽欲上其功公
曰此皆明公等德威天地神明之力灝通等何功焉固辭不居聞
者韙之後事聞　　賜佛山爲忠義鄉　　褒嘉祖廟爲靈應祠
春秋祀之著爲令云公素明於生死之理未卒之先三月大治酒
食集親友酣歌訣別令子姪各爲歌曲娛其意至期端坐正寢無
病而卒以故親友送終者百餘人公性好菊有菊園秋色詩集惜
賊平後失之矣君子曰公之保障鄉村仁也首倡禦賊義也敦義
崇祀禮也功成不居達乎生死知也鄉里孚之信也有此五德而

家有不大後有不昌者乎
桂奇曰方黃賊之稱亂也恣睢暴掠民無完居官司且懔懔危矣
公乃以一布衣倡義拒賊摧其聲勢卒之保有一鄉賊亦就擒遠
近咸賴以存活焉其功豈小小者哉至賊平議賞公顧不有其功
非大雅君子孰能及此余故特表之爲後之趣義者勸焉

謹案公平賊事載省志縣志別傳載佛山鄉志

又案譜例以家傳爲主家譜無傳始采外傳補闕若家譜
先已立傳凡史志各傳概收入備徵譜以一體例示徵信
又藝文通例刋錄前朝文字概不擡頭惟家傳撰自子孫
應援　誥勅譜例如式擡寫空格亦可

七世蘭渚公傳

公諱靖字靖安月松公仲子也性喜芝蘭所居環植焉遂以蘭渚

鶴園冼氏家譜　人物譜列傳　四　卷六之二

自號黃賊之亂月松公倡義保障公之宣力居多暨賊就擒有司
檄鄉猶勦各村之脅從者公奉父命往又活其死中之生者甚衆
云爲人胸襟洒落器度沖融貌甚魁梧鬚垂過腹見者敬之以故
鄉中咸稱長者嘗以事至藩司藩伯周鐸見其容貌肖已異之因
召入內詢其家勢嗣子相勞苦如平生慰之曰勉之勿憂富貴倘
不於其身必於其子孫矣公善治生人產初承月松公業僅百畝
後有負郭田三百餘畝別業亦不下百畝故時冼氏子姓雖未通
籍而已稱右族實自公恢拓始築家塾延名士以訓子孫每朔望
日必羣召至庭親教以忠孝大義所言多格論迄今諸父老猶有
能傳誦之者其寬厚出於天性嘗有盜入其室公集諸僮僕召盜
出謂之曰余無餘蓄若何自苦如此盜跪曰糾黨三十餘徒期暮
夜刼公今既被獲不敢復隱因取筆札盡報姓名公對賊焚之與

《佛山纲华陈氏族谱》

清同治六年（1867）抄本

佛山市博物馆藏

族谱《缸瓦社纪》章节提及缸瓦社之名，为乡俗沿称，在明正统十四年（1449）黄萧养压境时，仰赖真武“显赫保固”，该社被赏名“报恩社”，位列第九。

户役紀

陳氏宗門户籍自　九世祖宜義公於大元至正辛丑年由增城
沙貝鄉負木主移家佛山錦瀾石榴堽綱華巷自是忠厚開
基擴産饒裕始占籍南海佛山堡日積月盈置有田園共八頃
零于大明洪武初年始開當籍辦納粮務承有第四甲壹百一
十八畨里長户名陳文佳歷來無異迨至萬曆二年四房十五世祖
賢章公讓役于姊丈澳口梁節興承當隨改名梁永福其時
補貼村尾魚塘壹口土名　長活該民稅壹畝四分七厘以為作遞
年酧勞之費並有因親義讓合同壹樣二紙各執存照日後自不
得分里甲之見也

釭尾社紀

稽古周禮地官大司徒立社之壇各以其野之所宜木遂以名為
社與其野考之祭法大夫而下成群立社曰置社鄉人自立其社曰
鄉社以保衛一坊人民春祈秋報結宗會飲後世守之莫易也但
釭尾社之設其社蓋為鄉社考其初社壇原在綱華巷其時釭尾

鋪旁壇宇湫隘積時傾圮洪武初年　宜義公撥出　潘氏安人二
粧奩二尾窪之資卜買南岸洲一所直至洲邊盖道迎遷社老於
此安奉以後皆藉　神靈保鎮以衛斯土釭尾社之名鄉俗沿稱
蓋有所自矣正統十四年己巳秋黄蕭養巨寇壓境賴　神顯赫
保固蒙　上嘉賞名曰報恩社鄉之父老序鄉社列為第九社其
社壇地稅弍分八厘六毛現在陳衆富户内迄今世代雖遠而釭尾社之
名猶嘖嘖傳誦不朽萬曆九年允信公等恐其日後稅籍無考
故詳明于此即今晚市鶴鳴里南向　真君廟右報恩第九社是也
迨至大清道光辛丑年鄉人倡修帥府廟並社重修全無陳氏認此
社地係伊祖稅業一概皆謬也今復申明以是為據
時
大清同治六年歲次丁卯仲春吉旦　廿二傳孫組南頓首再紀

《梁氏家谱》

（清）梁礼昭　纂修

清光绪十一年（1885）抄本

佛山市博物馆藏

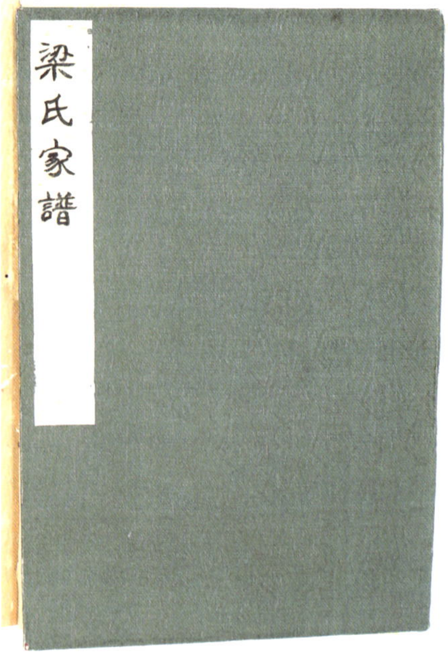

家谱《梅庄公传》记述了梁文缮的生平事迹。重点讲述明初时，梁文缮考虑到祖庙门前空间狭隘且炉户密集，又因真武神前不宜火焰，联同乡判霍佛儿劝炉户他迁，并捐银买地，开凿灌花池，以壮庙貌观瞻。

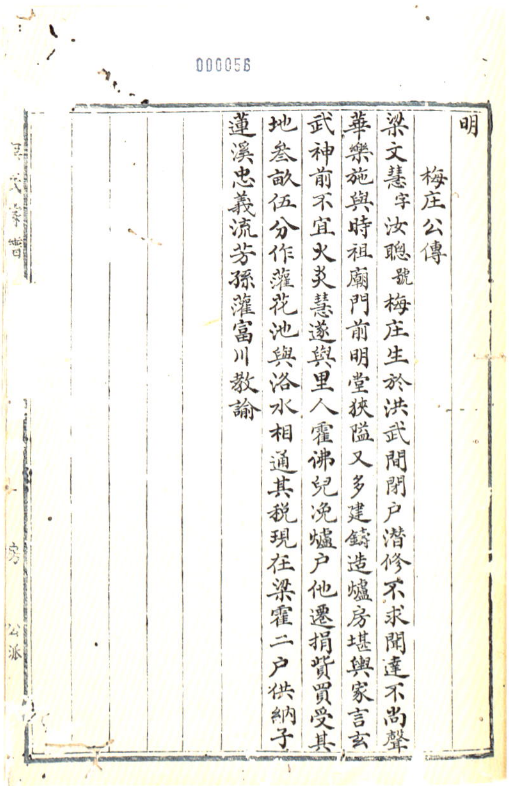
000056

梁氏家譜

明

梅庄公傳

梁文慧字汝聰號梅庄生於洪武間閉戶潛修不求聞達不尚聲華樂施與時祖廟門前明堂狹隘又多建鑄造爐房堪與家言玄武神前不宜火炎慧遂與里人霍佛兒勸爐戶他遷捐貲買受其地叁畝伍分作灌花池與洛水相通其稅現在梁霍二戶供納子蓮溪忠義流芳孫灌富川教諭

房　公派

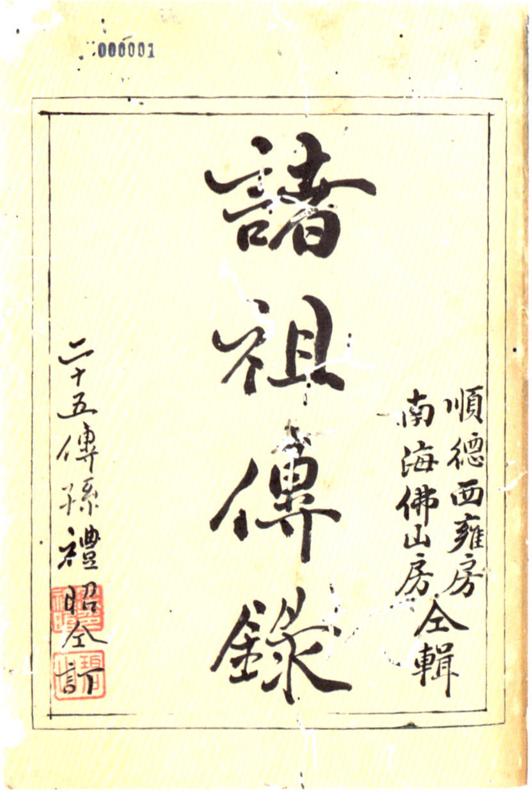
000001

順德西雍房
南海佛山房仝輯

諸祖傳錄

二十五傳孫禮昭仝訂

三　古籍里的“佛山祖庙”

《粤大记》

（明）郭棐　编

明万历二十三年（1595）抄本

广东省立中山图书馆藏

卷三《黄萧养乱广》中，从正史角度记录了黄萧养事件全过程，其中提及黄贼急攻佛山时，“乃见有红面将军督卒战守，而贼徒被伤者甚”，反映真武“灵显”守卫佛山的文字记载。

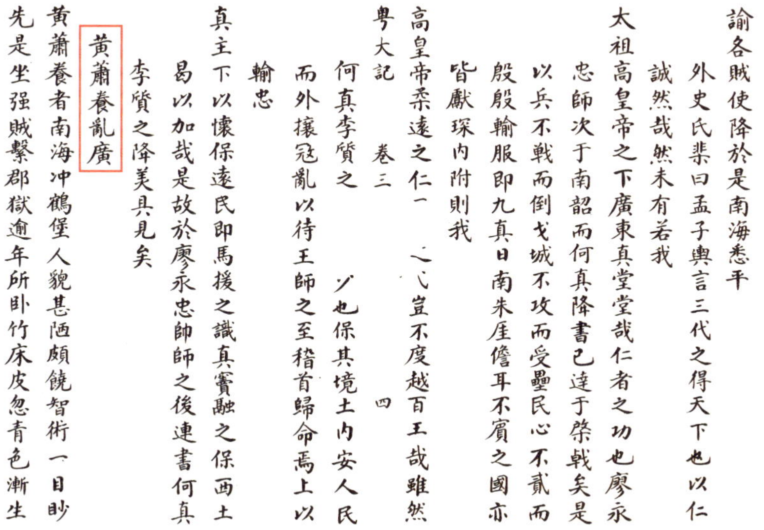
諭各賊使降於是南海悉平
外史氏棐曰孟子輿言三代之得天下也以仁
誠然哉然未有若我
太祖高皇帝之下廣東真堂堂哉仁者之功也廖永
忠師次于南韶而何真降書已達于滎戟矣是
以兵不戰而倒戈城不攻而受壘民心不貳而
殷殷輸服即九真日南朱厓儋耳不賓之國亦
皆獻琛内附則我
高皇帝柔遠之仁一　〻〻豈不度越百王哉雖然
粤大記　卷三　四
何真李質之　〻也保其境土内安人民
而外攘寇亂以待王師之至稽首歸命焉上以
輸忠
真主下以懷保遠民即馬援之識真竇融之保西土
曷以加哉是故於廖永忠帥師之後連書何真
李質之降美具見矣
黄蕭養亂廣
黄蕭養者南海冲鶴堡人貌甚陋頗饒智術一日眇
先是坐强賊繫郡獄逾年所卧竹床皮忽青色漸生

竹葉同禁者一江西商人謂曰此祥瑞也因誘以不軌密授人使藏利斧飯桶中遂破其肘鐐凡十九人俱越獄惟商人遂逸去不知所在時官隸獄卒追之揮斧而行人莫敢近其黨先舟以待遂入海去正統十三年九月也尋嘯聚不逞之徒應之者如響旬月至萬餘人明年八月攻圍郡城官軍出禦輒敗城中饑死者甚衆又為雲梯呂公車衝城城幾破遂設開偽官招誘愚氓漸至十萬餘人都指揮王清（清字一寧慷慨多勇畧嘗出塞累立奇功至是失利被執罵賊不屈而死）自高州引兵赴援至廣

粵大記　卷三　五

州舟膠淺水適賊詐　艇載柴及魚鹽者奔迸若避賊狀官軍問蕭養所在言未脫口賊伏兵出柴中遂執清軍盡殲焉城中大恐三司官登城望之以如蝟發相顧涕泣而已事聞時適土木之變未暇景泰元年春詔都督董興充總兵都指揮同知姚麟副之兵部侍郎孟鑑僉都御史楊信民贊理軍務往討時蕭養乘勝之餘志氣益橫遂僭稱東陽王改授偽官者百餘人擄五羊驛為行宮四出剽掠信民先為廣東參議有惠政素孚於民及是巡撫廣東至廣州民

爭歸之　上勑信民曰比因寇賊攻圍城池刼掠鄉村人財已竭勑爾會同侍郎孟鑑及廣東都司調撥所屬衛所官軍及附近有司起取民兵并催取廣西調來官軍同心協力勦滅前徒近又命都指揮同知姚麟前來與爾一同提督今聞廣東都司缺官爾可會同本官於本處所推選的當廉幹公勤驍勇指揮二員就令署管司事差人星馳具奏定奪爾等尤須晝夜用心運謀設策奬勵士卒敢勇當先殄滅賊徒以靖地方官軍如有臨陣退縮及失悞軍機者即依

粵大記　卷三　六

軍法斬首示衆然後奏聞如勑奉行信民發粟賑濟民益喜賊黨聞之漸懈興等進兵時天文生馬軾隨行至江西入夜聞鷄鳴興曰此何祥也軾對曰鷄不以時鳴由賞罰不明願公嚴軍令及至清遠峽有白魚入舟中軾曰武王伐紂有此徵應此逆賊授首之兆也時蕭養聚船於河之南千餘艘勢甚銳諸將欲請兵軾曰兵貴神速若請兵則緩不及事以所徵兩廣江西狼兵取勝猶拉朽耳興從之三月五日夜有大星墜於河南比旦占之告興曰四旬内破賊必矣

四月十一日興統兵次於大洲頭與賊遇督戰遂大
破之時信民使人齎榜諭賊使降蕭養曰楊大人我
父母也當徐思之已而獲鉅魚來獻信民受之立斫
數十片頒於有司賊出而嘆曰勢不佳矣賊黨遂潰
留者不滿千人已而信民中毒卒鑑益招徠興領兵
擊賊又破之蕭養中流矢而卧遂為官軍所擒械京
伏誅廣州遂平詔以鑑代信民廵撫廣東分南海地
置順德縣仍割大良等堡以益之
外史氏棐曰蕭養以蟣蟓小醜犯斧鑕大憝越
粤大記　卷三　七
獄而逃越城而走當事者不即緝而獲之乃容
其下海鳩徒反而攻城岌岌危若累卵當時法
網亦殊踈濶哉卒之就擒固乃天亡之也豈人
力耶楊撫院鞠躬盡瘁死于其職或云中毒豈
其然乎然孤忠駿惠即粤人萬世尸祝之可也
王清死于戰陣獨不可配忠褰乎予聞之蕭養
帥衆急攻佛山欲刼其鉄器助兵具也乃見有
紅面将軍督卒戰守而賊徒被傷者甚衆膽寒
股栗撤衆而退嗟嗟叛逆亾靡壯侯在天之靈且

厭之矣能無敗乎表而書之以戒後之敢於為
逆者
山箐聚嘯
洪武十四年秋南雄侯趙庸討程鄉賊平之
庸帥潮州衛官軍擒賊首偽萬戶饒隆等一百五十
人斬首四十餘顆
十五年春正月南雄侯趙庸討東莞諸寇二月討陽
山歸善等縣蠻寇平之振旅而還
庸進兵攻破東莞縣石鼓赤嶺等寨擒偽官百餘人
粤大記　卷三　八
由是四會白沙等處父老迎拜於道二月辛巳移兵
討陽山諸賊克燈心龍湖太平潭洞擒賊偽萬戶長
都公等数十人斬首千餘級降二千九百戶庸又籍
廣州蛋戶萬人為水軍時海蛋無定居或為寇盜故
籍而用之又俘獲賊首鏟平王者并其黨一萬七千
八百五十人斬首八千八百餘顆降平民一萬三千
二百八十七戶諸寇悉平奏　詔振旅而還　帝加
獎慰　賜綵帛上尊良馬
十六年秋八月廣東徭亂遣征南將軍中國公鄧鎮

《广东新语》

（清）屈大均　撰

清刻本

广东省立中山图书馆藏

卷六《神语》所列《真武》部分，论及广东祀真武神的庙宇众多，以佛山祖庙为最大，肯定了祖庙的历史地位及深远影响。

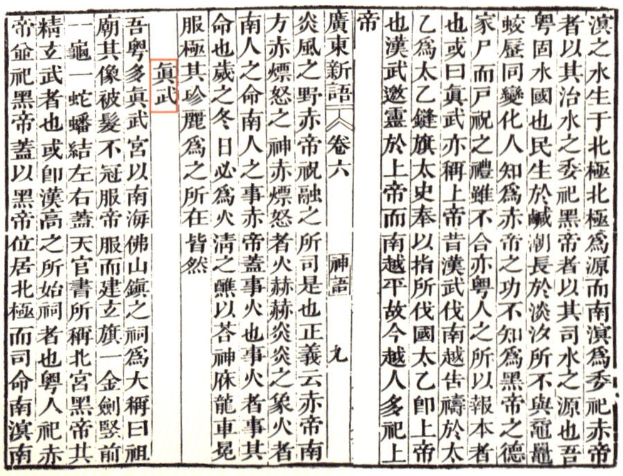

濵之水生于北極北極爲源而南濵爲委祀赤帝
者以其治水之委祀黑帝者以其司水之源也吾
粵固水國也民生於鹹潮長於淡汐所不與黿鼉
蛟蜃同變化人知爲赤帝之功不知爲黑帝之德
家尸而戸祝之禮雖不合亦粵人之所以報本者
也或曰眞武亦稱上帝昔漢武伐南越告禱於太
乙爲太乙鋒旗太史奉以指所伐國太乙卽上帝
也漢武遡靈於上帝而南越平故今越人多祀上
帝

廣東新語　卷六　神語　九

炎風之野赤帝祝融之所司是也正義云赤帝南
方赤熛怒之神赤熛怒者火赫赫炎炎之象火者
南人之命南人之事赤帝蓋事火也事火者事其
命也歲之冬日必爲火清之醮以荅神庥龍車旵
服極其珍麗爲之所在皆然

眞武

吾粵多眞武宮以南海佛山鎮之祠爲大稱曰祖
廟其像被髮不冠服帝服而建玄旗一金劍豎前
一龜一蛇蟠結左右蓋天官書所稱北宮黑帝其
精玄武者也或卽漢高之所始祠者也粵人祀赤
帝並祀黑帝蓋以黑帝位居北極而司命南濵南

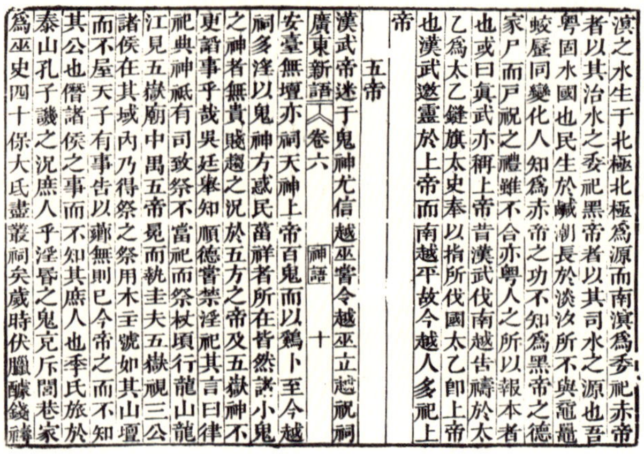

濵之水生于北極北極爲源而南濵爲委祀赤帝
者以其治水之委祀黑帝者以其司水之源也吾
粵固水國也民生於鹹潮長於淡汐所不與黿鼉
蛟蜃同變化人知爲赤帝之功不知爲黑帝之德
家尸而戸祝之禮雖不合亦粵人之所以報本者
也或曰眞武亦稱上帝昔漢武伐南越告禱於太
乙爲太乙鋒旗太史奉以指所伐國太乙卽上帝
也漢武遡靈於上帝而南越平故今越人多祀上
帝

五帝

漢武帝迷于鬼神尤信越巫嘗令越巫立越祝祠

廣東新語　卷六　神語　十

安臺無壇亦祠天神上帝百鬼而以鷄卜至今越
祠多淫以鬼神方惑民蓄祥者所在皆然諸小鬼
之神者無貴賤趨之況於五方之帝及五嶽神不
更謟事乎哉吳廷舉知順德嘗禁淫祀其言曰律
祀典神祇有司致祭不當祀而祭杖項行龍山龍
江見五嶽廟中禺五帝冕而執圭夫五嶽視三公
諸侯在其域內乃得祭之祭用木主號如其山壇
而不屋天子有事告以鄉無則已今帝之而不知
其公也僭諸侯之事而不知其庶人也季氏旅於
泰山孔子譏之況庶人乎淫昏之鬼克斥閭巷家
爲巫史四十保大氐盡叢祠矣歲時伏臘醵錢禱

《说粤新书》

（清）范端昂　纂辑

清嘉庆六年（1801）刻本

广东省立中山图书馆藏

卷五《地部》之《真武庙》部分讲述南粤有众多奉祀真武的庙宇，重点提及佛山之真武庙，特称“祖庙”，内奉真武，以及真武神的特征、渊源等。

嘉慶六年新鐫

說粵新書

五典齋梓行

提點使也曰輔靈侯王長世子也曰贊寧侯王次子也

真武廟

粵多廟祀真武而南海佛山之廟特稱曰祖廟神像披髮不冠服帝服而建玄旗一金劍豎前一龜一蛇蟠結左右蓋天官書所稱北宮黑帝其精玄武者也真武亦稱上帝昔漢武伐南越禱於太乙爲太乙鋒旗以指南越而南越平太乙即上帝也故越人多祀上帝瓊州十州縣城北門俱有真武廟舊時瓊郡午後鬼入城市以紙錢貿易變成灰燼市肆貿易俱置盤水試之後有堪輿說宜杜北門建

粵中見聞　地部　真武廟　六

真武廟以鎮壓之鬼怪即息各郡俱甚顯靈廣輿記載真武乃淨樂國王太子遇天神授以寶劍入湖廣武當山修道久之無所得欲出山見一老嫗操鐵杵磨石上問嫗磨此爲何嫗曰爲針耳曰不亦難乎嫗曰功至自成真武悟還山精修四十二年白日升舉

文昌廟

文昌化書云神生梓潼縣張姓祠在梓潼縣北七曲山中左右安鐘鼓後爲桂香殿左即風洞景前爲子母聖殿祀神聖祖母聖父聖母聖后聖長子聖長婦聖次子聖次婦

《粤小记》

（清）黄芝　撰

清道光十二年（1832）刻本

广东省立中山图书馆藏

卷三记录灵应祠始创于宋元丰年间，初名“祖堂”，又名“龙翥祠”，后又记载佛山祖庙“灵显”事件众多，以黄萧养叛乱时助乡人成功御敌的事迹最为显著，获封“灵应”后，常祀不衰。

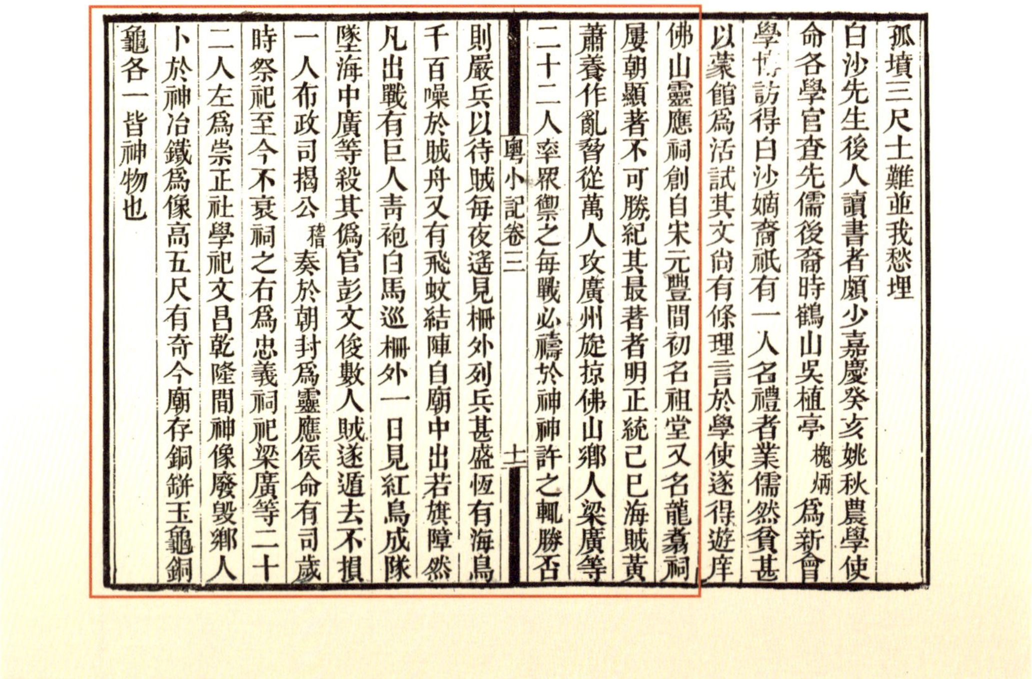
孤墳三尺土難並我愁埋
白沙先生後人讀書者頗少嘉慶癸亥姚秋農學使
命各學官查先儒後裔時鶴山吳植亭槐炳爲新會
學博訪得白沙嫡裔祇有一人名禮者業儒然貧甚
以蒙館爲活試其文尚有條理言於學使遂得遊庠
佛山靈應祠創自宋元豐間初名祖堂又名龍翥祠
屢朝顯著不可勝紀其最著者明正統己巳海賊黃
蕭養作亂脅從萬人攻廣州旋掠佛山鄉人梁廣等
二十二人率衆禦之每戰必禱於神神許之輒勝否

粵小記卷三　十

則嚴兵以待賊每夜遙見柵外列兵甚盛恆有海鳥
千百噪於賊舟又有飛蚊結陣自廟中出若旗幛然
凡出戰有巨人青袍白馬巡柵外一日見紅烏成隊
墜海中廣等殺其僞官彭文俊數人賊遂遁去不損
一人布政司揭公稽奏於朝封爲靈應侯命有司歲
時祭祀至今不衰祠之右爲忠義祠祀梁廣等二十
二人左爲崇正社學祀文昌乾隆間神像廢毀鄉人
卜於神冶鐵爲像高五尺有奇今廟存銅餅玉龜銅
龜各一皆神物也

《佛镇义仓总录》

清道光二十七年（1847）刻本

佛山市博物馆藏

佛镇义仓，建于清乾隆末年。仅嘉庆、道光年间，义仓就开仓大赈五次。一次大赈，赈期长达40天，获赈人口可达7万余人，义仓成为清代佛山阖镇最重要的赈济机构。义仓的决策管理，归设在祖庙内的大魁堂直属。义仓的财产、地税纳入灵应祠，其日常管理也与灵应祠值事有密切联系。

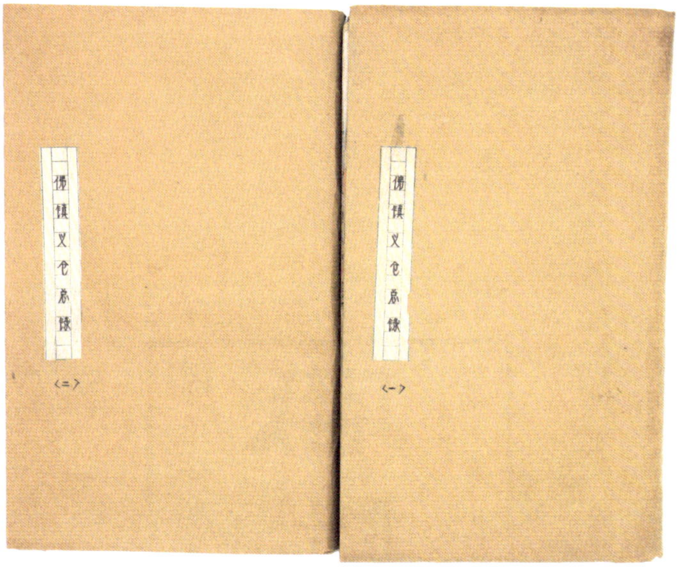

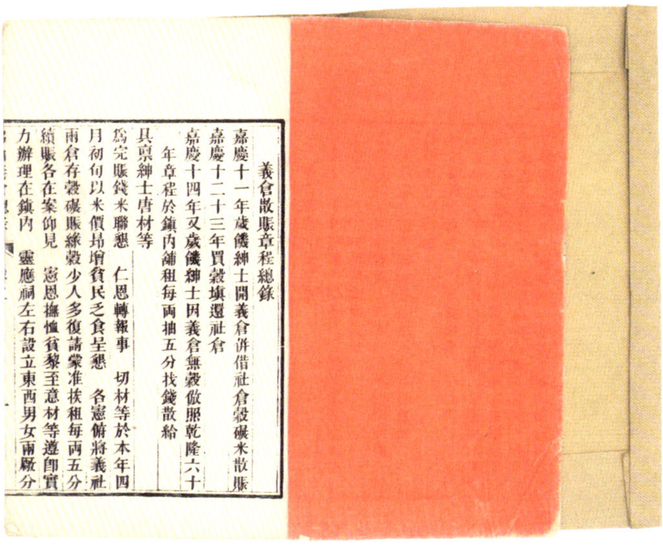

《咸陟堂集》

（明）释成鹫　撰

清道光二十五年（1845）重刻本

广东省立中山图书馆藏

卷五收录碑文《龙翥祠重浚锦香池水道记》，记录了“龙翥祠”为灵应祠旧称，锦香池位于其南侧，因年久淤塞，佛山乡人考虑到真武的水神属性，请神旨愿，神许后对其修缮、疏通的过程。

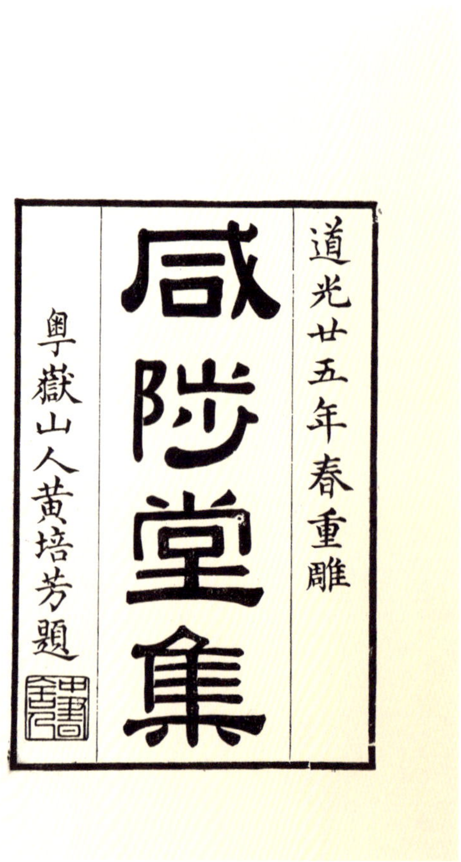
道光廿五年春重雕
咸陟堂集
粤嶽山人黄培芳题

龍翥祠重浚錦香池水道記

昔晉記室郭景純留讖於靈洲曰南海盛衣冠之氣當晉之世人物之盛萃於江左是時南海遠在荒服聲教未洽而其言若此豈非靈氣所鍾有開必先善審氣機者先得之乎夫氣之翕而聚也必有神焉守之氣之流而行也必有神焉宣之事有先後時有蚤暮必有所以主之者神焉而已佛山爲南海巨鎮貨貝之所出入仕宦商旅之所往來聲華文物之盛擬諸京邑説者謂景純留讖蓋兆

咸陟堂文集　卷五　十二

於此此鄉有神曰眞武玄帝保障區宇有功於民不可具述景泰間渠魁黃蕭養聚衆流劫鄉人奉神以守屢獲冥助賊遂以殲有司疏厥功請封典敕爲靈應歲令所屬州縣奉祀一壇載在邑誌父老子弟至今能言之神之廟食兹土也據形勝之上游接靈洲之佳氣委蛇窿伏越阡度澗延袤數十餘里乃止爲神靈之所居祠初名曰龍翥形家者言玄武司水龍得水而變化斯神乃鑿池於祠之南爲錦香爲灌花二池表裏以瀦衆流之滙日

久漸湮灌花今爲平地錦香尚存甃以白石緣以雕欄復刻石爲龜蛇之狀引流種樹其間爲遊覽者臨流環觀之所尋亦淤塞池水漸涸雨潦時至交衢溝塍爲之洋溢是坎離不交山澤之氣不通也爰議浚之謀諸衆衆曰可卜諸神神曰可質諸星曆諸家之言僉曰可乃醵粟斂金鳩工運土不數月而事畢集告成於神神默許之自是而後衆流之水以池爲歸盈科而進放乎四海龍得水而神益靈龜蛇得水而遂其生日星雲物得水而著

咸陟堂文集　卷五　十三

其精文之瀾詞之源學之海得水而成其名猗歟休哉神之在天猶水之在地也神之降福於善人猶水之就下也人之受福于天亦猶水之翕受也挹之注之則覃而潤疏之瀹之則流而行瀦之蓄之則停而平瀓之汰之則湜而清凡此皆人力之爲神心之所默許者也工既竣勒石以紀其事

《南越笔记》

（清）李调元　编

清刻本

广东省立中山图书馆藏

卷六《佛山真武庙会》记述了祖庙每年三月上巳，全镇数十万人举办醮会（“三月三”北帝诞）时，燃放巨大爆竹以酬神的盛景。

澳門所居其人皆西洋舶𡰥性多黠慧所造月影海圖定時鐘指掌櫃亦有裨民事其風琴水樂之類則淫巧詭僻而已如機銃者名覿面笑弢藏於衣袂之中小石如豆齧度函外鐵牙摩戛火透函中蓋皆精鐵分合而成分之二十餘事邈不相屬合之各以牝牡橐籥相茹納紐篆而入蝸户栝轉相制機轉相發外以五六鐵梔梔之大四寸圍長六七寸以帶繫置腰間帶有銅圈可插機銃二十枚鉛彈亦懷於身用時乃入彈重八九分用止二枚不可多用則壞銃危急時一人常有二十銃之用百不失一此亦防身之奇技也

南越筆記 卷六 六

佛山真武廟會

佛山有真武廟歲三月上巳舉鎮數十萬人競為醮會又多為大炮以享神其紙炮大者徑三四尺高八尺以錦綺多羅洋絨為飾又以金縷珠珀堆花壘子及人物使童子年八九歲者百人倭衣倭帽牽之藥引長二丈餘人立高架遥以廟中神火擲之聲如叢雷震驚遠邇其椰炮大者徑二尺內以磁甖外以篾

以柗脂瀝青又以金銀作人物龍鸞飾之載以香車亦使綵童推挽藥引長六七丈人立三百步外放之拾得炮首則其人生理饒裕明歲復以一大炮酬神計一大炮紙者費百金椰者半之大紙炮多至數十枚椰炮數百其真武行殿則以小爆構結龍樓鳳閣一户一窓皆有寶鐙一具又以小炮層累為武當山及紫霄金闕四圍悉點百子鐙其大小鐙燈裙燈帶華蓋瓔珞宮扇御爐諸物亦皆以小炮貫串而成又以錦繡為飛橋複道兩旁欄楯排列珍異花卉莫可算觀者駢闐塞路或行或坐目亂煙花鼻厭沉水簪珥礙足簫鼓喧耳為淫蕩心志之娛凡三四晝夜而後已

南越筆記 卷六 七

龍門木槍

龍門健兒多以棉木為槍長三丈餘三人持之一進一退以四尺為率從地上挑起人馬敵不能近謂之八步長槍

水翻車

水翻車一名大輣車從化之北凡百餘里兩岸巨石

《佛山街略》

清道光十年（1830）刻本

英国国家图书馆藏

《佛山街略》是一部流转于海外的清代地方文献，现存孤本为一册十二页，不分卷，但著者不详。祖庙在书中除作为地标被反复提及外，还重点介绍其空间建筑、供奉神祇、敕封由来等，并附灵应祠图，具有重要的史学研究价值。

内附各埠渡額日期來往客商
賣買什物者依街道宜行便是
佛山街畧
道光十年刻
禅山怡文堂

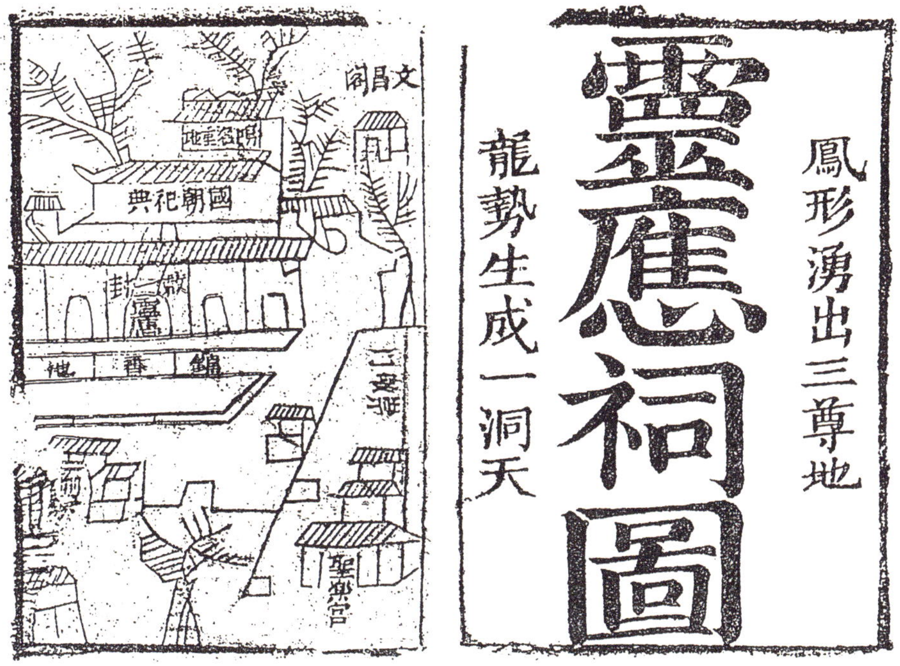

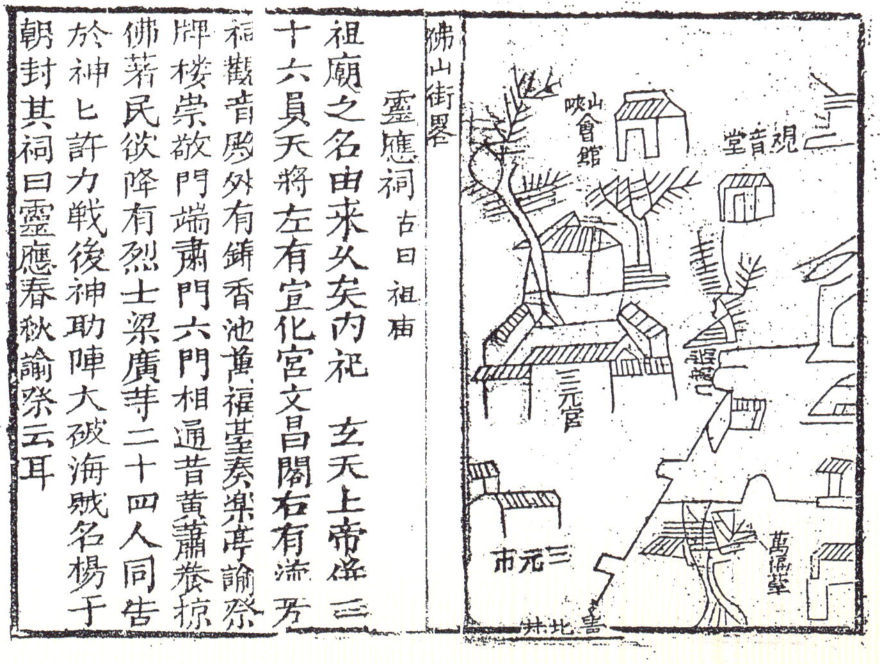

靈應祠 古曰祖廟

祖廟之名由來久矣內祀　玄天上帝併三十六員天將左有宣化宮文昌閣右有流芳祠觀音廟外有錦香池萬福臺奏樂亭諭祭牌楼崇敬門端肅門六門相通昔黄蕭養掠佛茖民欲降有烈士梁廣等二十四人同告於神々許力戰後神助陣大破海賊名楊于朝封其祠曰靈應春秋諭祭云耳

《灵应祠田铺图形》

清光绪二十二年（1896）刻本

香港中文大学图书馆藏

清光绪年间，佛山灵应祠香火鼎盛，尝产倍增。为避免因年岁日久而产生错乱，或有人侵吞租银，里人梁世徵以绘图的形式，详尽记录了当时灵应祠的田产情况、铺产所处位置及空间大小，并分类编排了用于租赁的建筑，对研究清代晚期佛山灵应祠建筑、庙产具有重要作用。

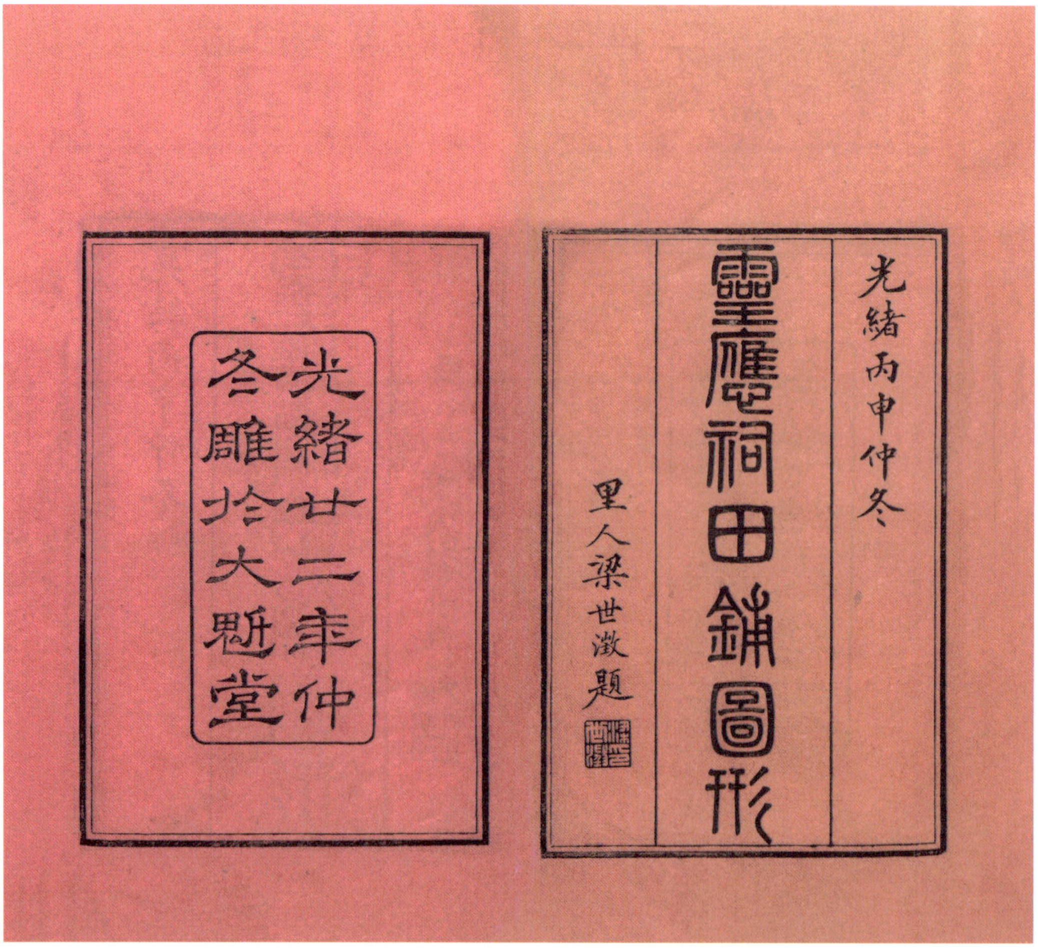

佛山靈應祠嘗業圖形序

粵之佛山爲寰中一巨鎮有
靈應祠閤鎮以祀
眞武帝年久而分尊屢著靈異共稱之曰
祖廟尊親之至如天子曰鼻太上曰老義蓋取此考舊
碣始於宋元豐厥後代有增修具存綽楔里人事之
維謹時獻產以答
神庥有明以前正供僅四五十畝歲入祇五六百金蠹
蝕之患旋革旋興舊圖既非善本復多漫漶十不存
一模索良艱迄今香火貲比前彌盛滄桑屢易窪下
復變膏腴前　楊司馬楷蒞茲土曾撥充鄉飲需添
購恒產嗣是信豐然業多則稽覈良難時久則遺忘
自易善後之舉思慮宜周里紳患焉時適旗帶水歲
久淤塞爲鎮之脈絡不利宣洩共議疏濬推予肩斯
任不獲辭乃蕆事於癸巳冬越明年予又適輪董廟
事展轉思維欲期弊絕風清非繪圖貼說不足信今
傳後迺不辭勞瘁周歷履勘田畝則勾股和弦分釐
丈尺他若東西高下分合主名均不虞其脫漏舖則

序　一

深廣坐向街名鄰右僦居作業間或賃地建築亦令
纖悉詳明編其序次判其門類總其目錄至寒暑屢
更始克蕆事全帙告成衆咸稱善亟付梨棗以告枌
榆從茲保守冀勿失墜將漸推而漸廣亦愈積而愈
盈無事則工歌巫祝有事則捍患禦災可藉是以無
恐然後知
神之流澤孔長而予之心始慰里紳諸君子亦當共諒
因溯其源委而爲之序
光緒二十有二年歲在丙申冬月里人梁世徵謹撰

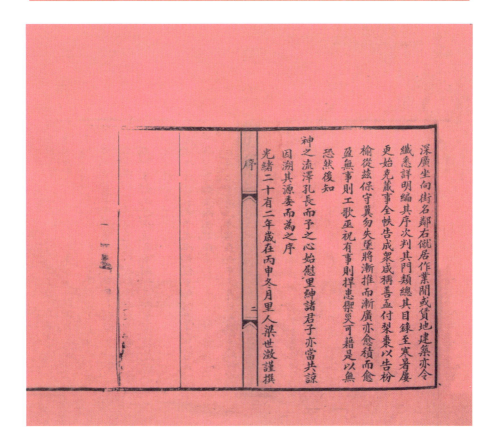

序　二

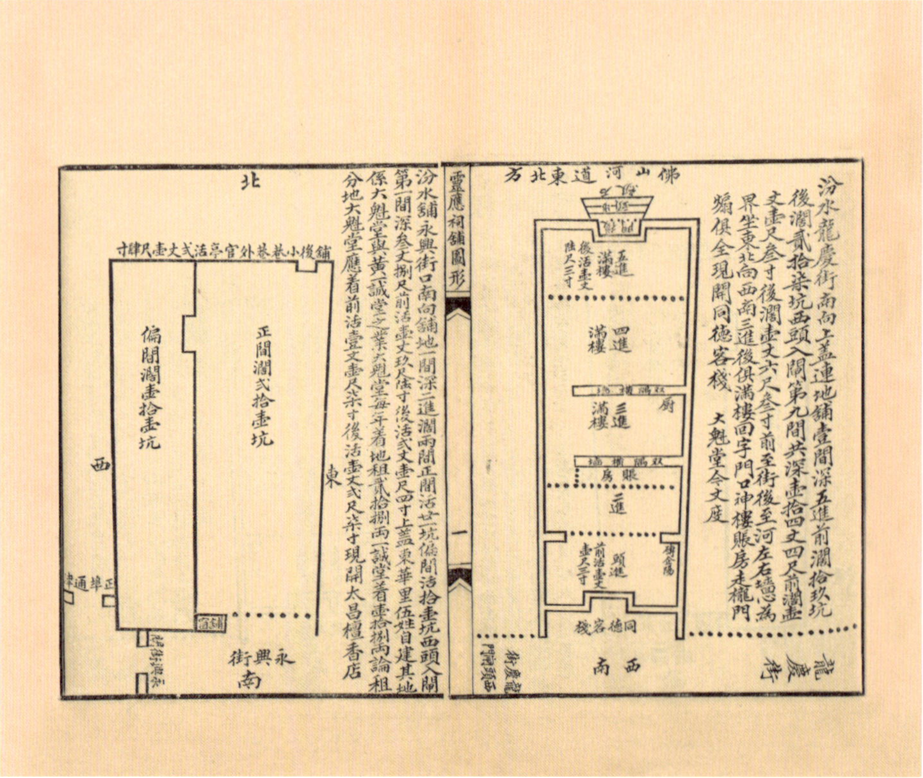
靈應祠鋪圖形
一
佛山河道東北方
汾水龍慶街南向上蓋連地鋪壹間深五進前濶拾玖坑後濶貳拾柒坑西頭入閘第九間共深壹拾四丈四尺前濶壹丈壹尺叁寸後濶壹丈六尺叁寸前至街後至河左右墻心為界坐東北向西南三進後俱滿樓回字門口神樓賬房走攏門窗俱全現開同德客棧
大魁堂令文度
五進
滿樓
後活壹丈陸尺三寸
四進
滿樓
三進
滿樓
廚
賬房
二進
頭進
前活壹丈壹尺三寸
同德客棧
西南
龍慶街
北
鋪後小巷外官亭活弍丈壹尺肆寸
正間濶弍拾壹坑
偏間濶壹拾壹坑
西
東
正埠通津
永興街
南
汾水鋪永興街口南向鋪地一間深二進濶兩間正間活廿一坑偏間活拾壹坑西頭入閘第一間深叁丈捌尺前活壹丈玖尺伍寸後活貳丈壹尺四寸上蓋東華里伍姓自建其地係大魁堂與黃誠堂之業大魁堂每年着地租貳拾捌兩誠堂着壹拾捌兩論租分地大魁堂應着前活壹丈壹尺柒寸後活壹丈貳尺柒寸現開太昌檀香店

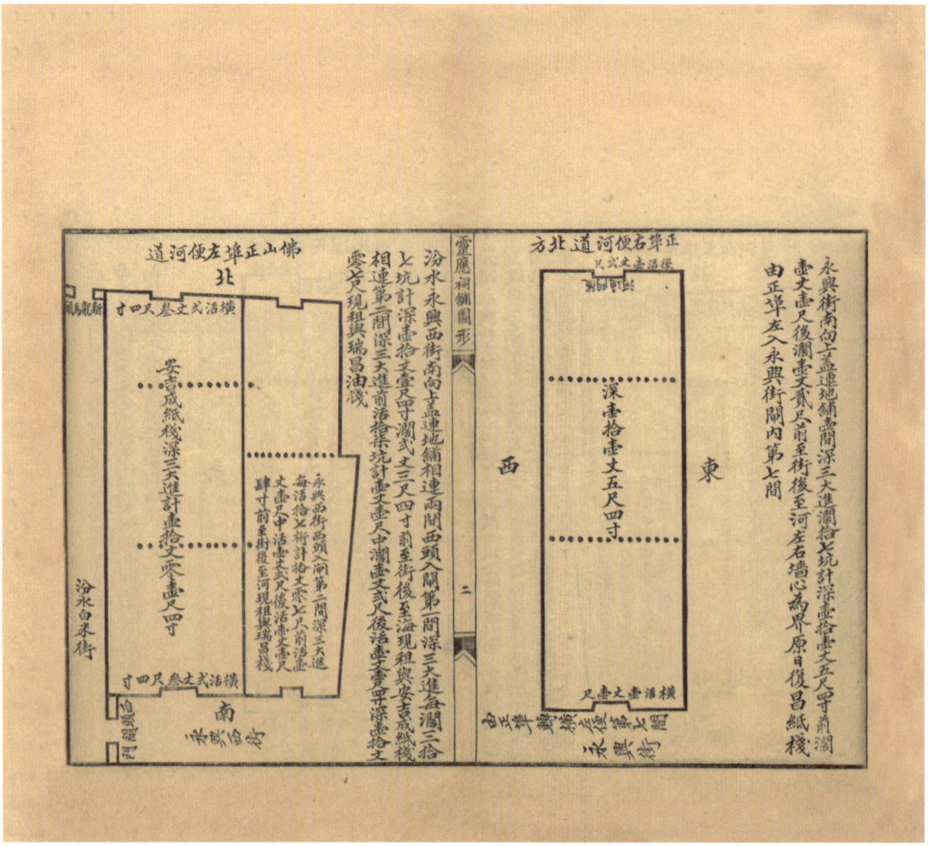
靈應祠鋪圖形
二
正埠右便河道北方
後活壹丈弍尺
深壹拾壹丈五尺四寸
西
東
橫活壹丈壹尺
永興街南向上蓋連地鋪壹間深三大進濶拾七坑計深壹拾壹丈五尺四寸前濶壹丈壹尺後濶壹丈貳尺前至街後至河左右墻心為界原日復昌紙棧
由正埠左入永興街閘內第七間
佛山正埠左便河道
北
橫活弍丈叁尺四寸
安吉成紙棧深三大進計壹拾丈零壹尺四寸
永興西街西頭入閘第二間深三大進每活拾七坑計拾丈零七尺前活壹丈壹尺中活壹丈弍尺後活壹丈壹尺肆寸前至街後至河現租與瑞昌棧
汾水白米街
南
永興西街
汾水永興西街南向上蓋連地鋪相連兩間西頭入閘第一間深三大進每濶三拾七坑計深壹拾丈壹尺四寸濶弍丈三尺四寸前至街後至海現租與安吉成紙棧相連第二間深三大進前活拾柒坑計壹丈壹尺中濶壹丈弍尺後活壹丈壹尺四寸深壹拾丈零壹尺現租與瑞昌油棧

《点石斋画报》之《燃炮明心》《还炮志盛》

清光绪二十年（1894）

广东省立中山图书馆藏

《赏奇画报》之《巾帼风流》

清光绪三十二年（1906）

广东省立中山图书馆藏

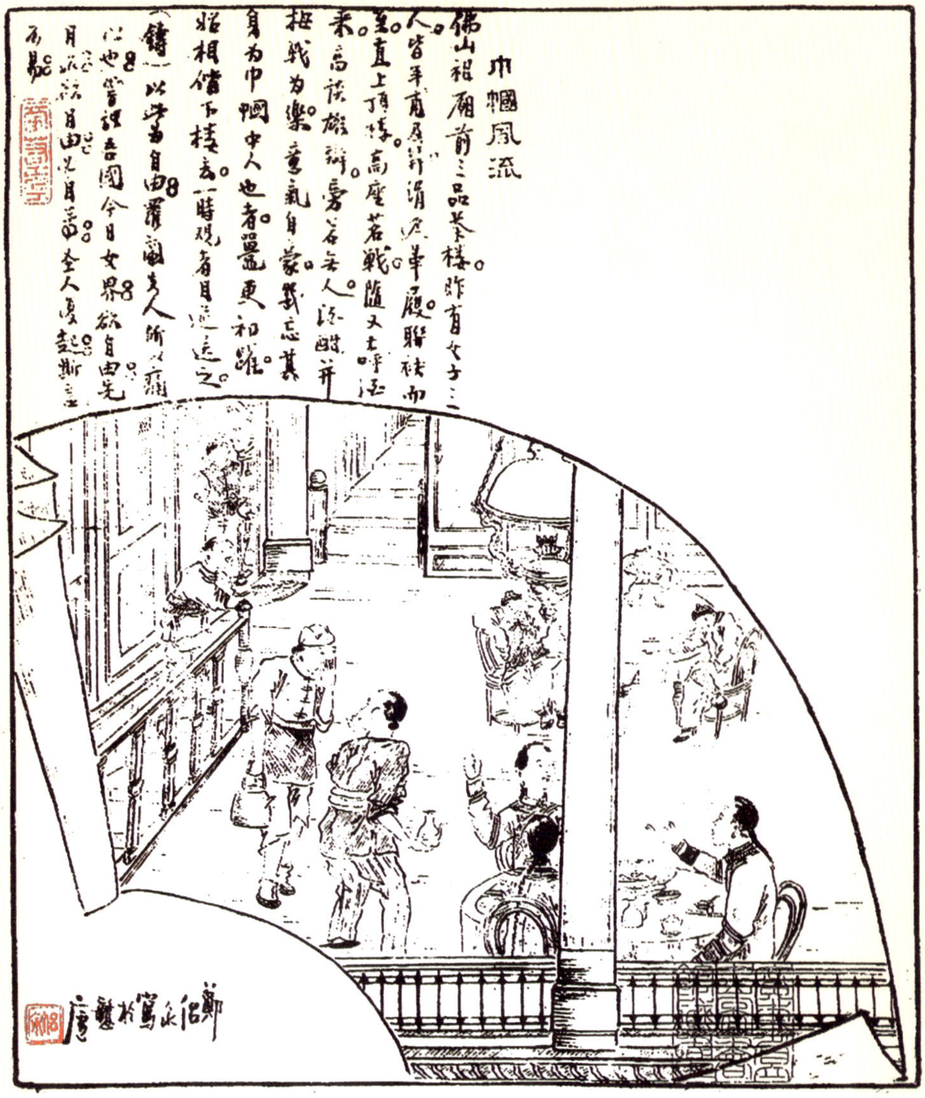

《佛山祖庙灵应祠专辑》《佛山新语》等

区瑞芝　编著/著

谭绮萍、陈解元藏品

区瑞芝（1900—1994），世居佛山，民国时期资深记者、著名作家，主要撰写佛山典故、民俗、街史等，人称“佛山通”。中华人民共和国成立后，他走访四方，笔耕不辍，先后编写了《谈古论今话佛山》《佛山祖庙灵应祠专辑》《佛山新语》等地方史料，为研究中华人民共和国成立前后，佛山祖庙的历史人文情况，提供了不可多得的实证材料。

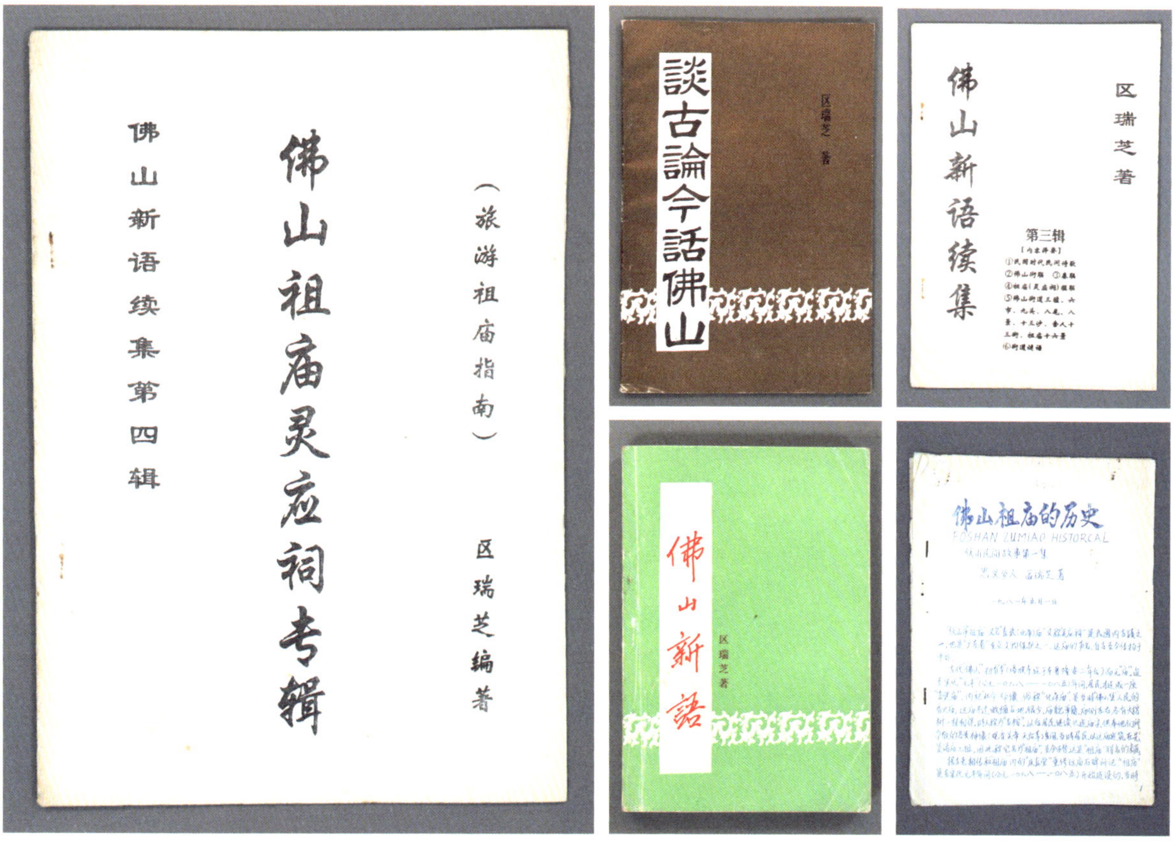

民国时期，佛山祖庙档案资料丰富，其中的政务文书档案，内容翔实，包罗万象。包含有1937—1943年祖庙庙产移交和接收情形，1942—1949年佛山祖庙保存公物清册，庙租和司祝的开投记录，以及将庙租列入县府岁收预算、拨归国民学校基金和拨充名胜古迹古物保存委员会经费等。

纵观民国档案，佛山祖庙从地方公产到名胜古迹的历史转变中，完成了它的角色定位和传统承延。在动荡年代，祖庙更以其独有的文化内涵和向心属性，举办民俗活动凝聚民心，团聚大众投身工人运动和革命浪潮，见证着佛山的战争与悲痛、胜利与喜悦。祖庙与佛山这座城同呼吸、共命运，在历史长河中沉浮、起落，最终留存至今。

第三部分

民国万象
——档案里的祖庙

一 佛山祖庙保存公物清册与灵应祠古铜器送还

指令［令黄郁周继续管理祖庙各公物］

南海县政府

1942年

佛山市南海区档案馆藏

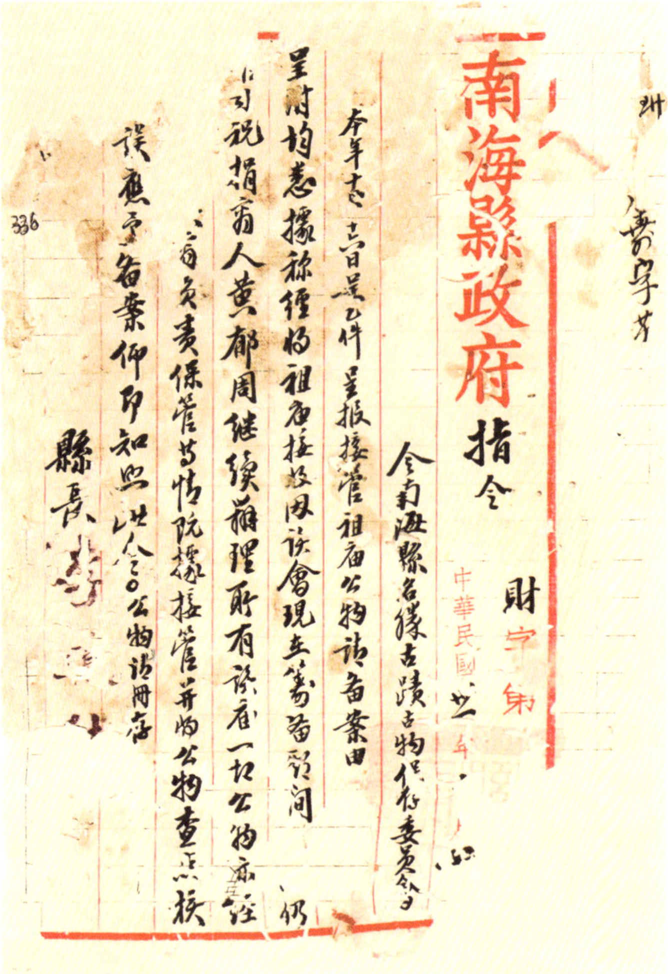

南海县政府指令

令南海县名胜古迹古物保存委员会

本年十月十六日呈乙件。呈报接管祖庙公物请备案由。呈附均悉，据称经将祖庙接收，因该会现在筹备期间，□□仍□司祝捐商人黄郁周继续办理，所有该庙一切公物亦经□□□□□商负责保管等情，既据接管并将公物查点核□□误，应予备案，仰即知照。此令。公物清册存。

县长李道纯

佛山镇祖庙庙内保存公物清册

南海县名胜古迹古物保存委员会筹备会

1942年10月13日

佛山市南海区档案馆藏

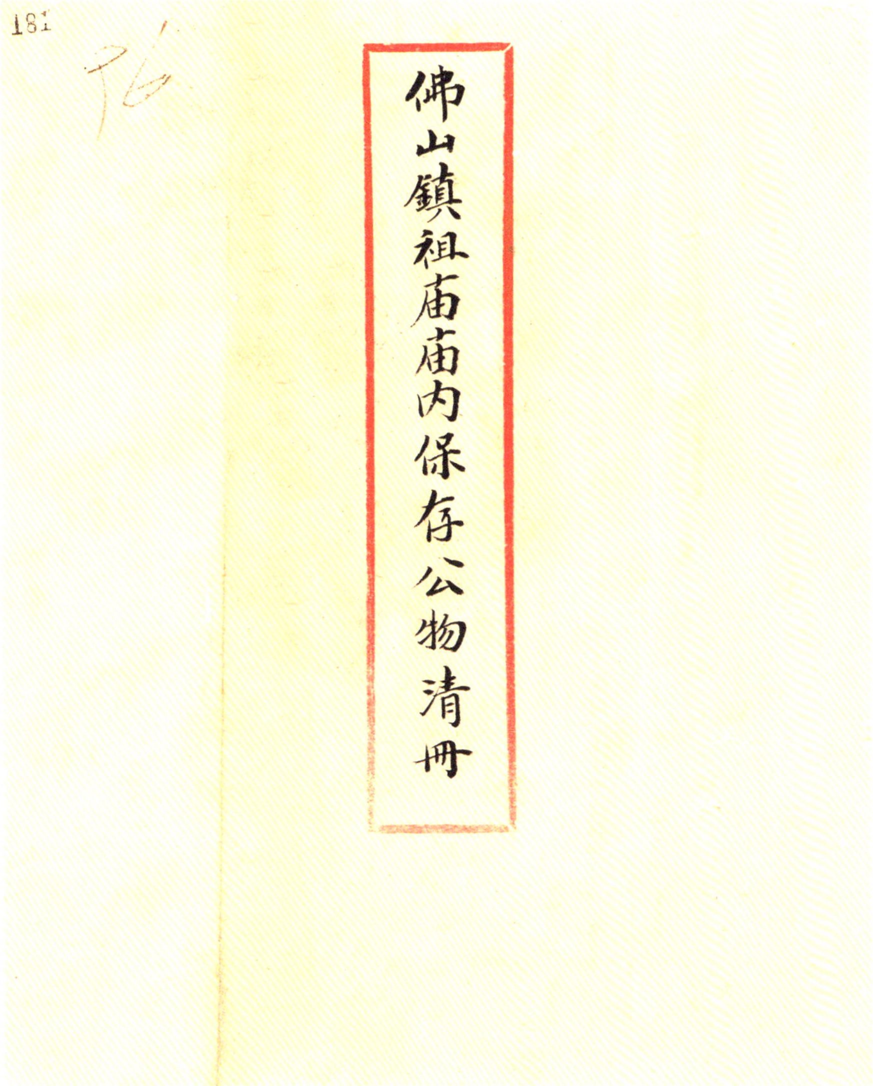

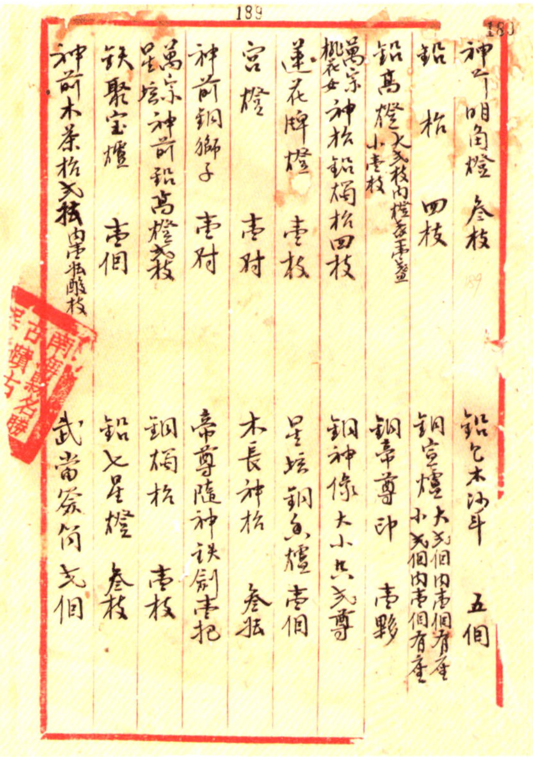
189
神前明角燈 叁枝
鉛枱 四枝
鉛高燈 大貳枝内燈壹盞 小壹枝
機花女萬宗神枱鉛燭枱四枝
蓮花牌燈 壹枝
宫燈 壹對
神前銅獅子 壹對
萬宗星壇神前鉛高燈貳枝
鉄聚宝爐 壹個
神前木案枱貳張内壹張破
鉛包木沙斗 五個
銅宣爐 大貳個内壹個有蓋 小貳個内壹個有蓋
銅帝尊印 壹彫
銅神像大小共貳尊
星壇銅魚爐 壹個
木長神枱 叁張
帝尊隨神鉄劍壹把
銅燭枱 壹枝
鉛七星燈 叁枝
武當签筒 貳個

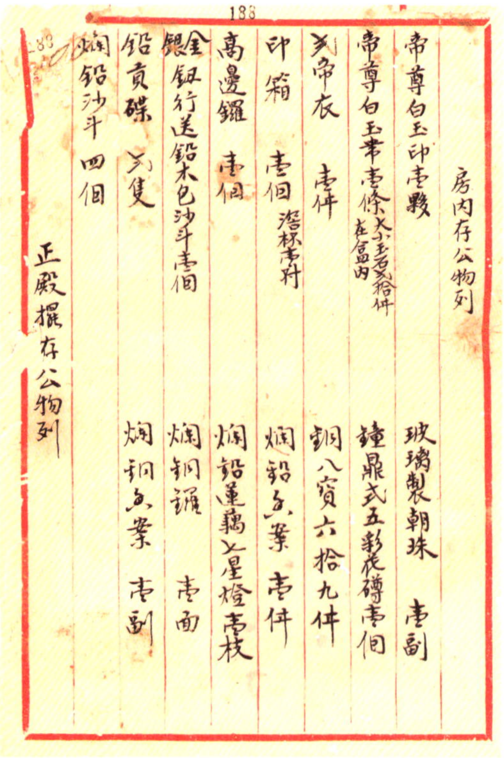
188
房内存公物列
帝尊白玉印壹顆
帝尊白玉帶壹條大小玉石貳拾件在盒内
貳帝衣 壹件
印箱 壹個 沓杯壹對
高邊鑼 壹個
金銀釵行送鉛木包沙斗壹個
鉛貢碟 貳隻
烱鉛沙斗 四個
玻璃製朝珠 壹副
鐘鼎式五彩花罇壹個
銅八寶六拾九件
烱鉛魚案 壹件
烱鉛蓮藕七星燈壹枝
烱銅鑼 壹面
烱銅魚案 壹副
正殿擺存公物列

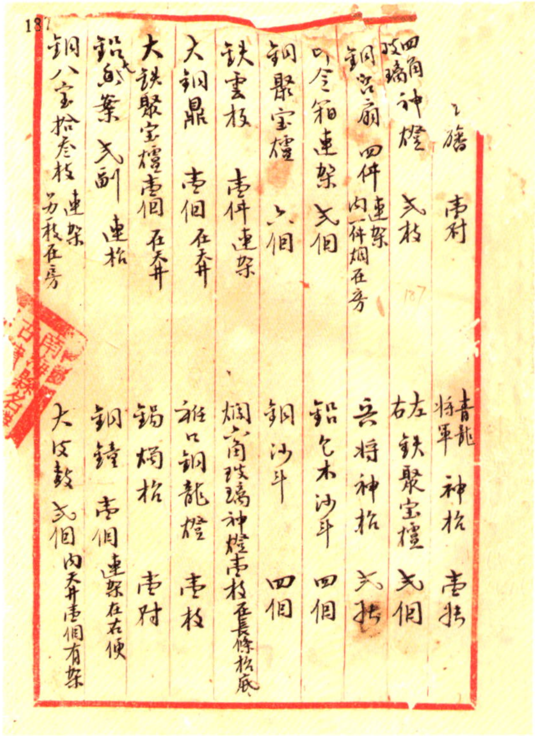
187
上旛 壹對
四角玻璃神燈 貳枝
銅宮扇 四件連架 内一件爛在旁
叮令箱連架 貳個
銅聚宝爐 六個
鉄雲板 壹件連架
大銅鼎 壹個在天井
大鉄聚宝爐壹個 在天井
鉛魚案 貳副 連枱
銅八宝拾叁枝 連架 另五枝在旁
青龍將軍 神枱 壹張
左右鉄聚宝爐 貳個
兵將神枱 貳張
鉛包木沙斗 四個
銅沙斗 四個
烱六角玻璃神燈壹枝在長條枱底
雅口銅龍燈 壹枝
錫燭枱 壹對
銅鐘 壹個連架在右便
大皮鼓 貳個 内天井壹個有架

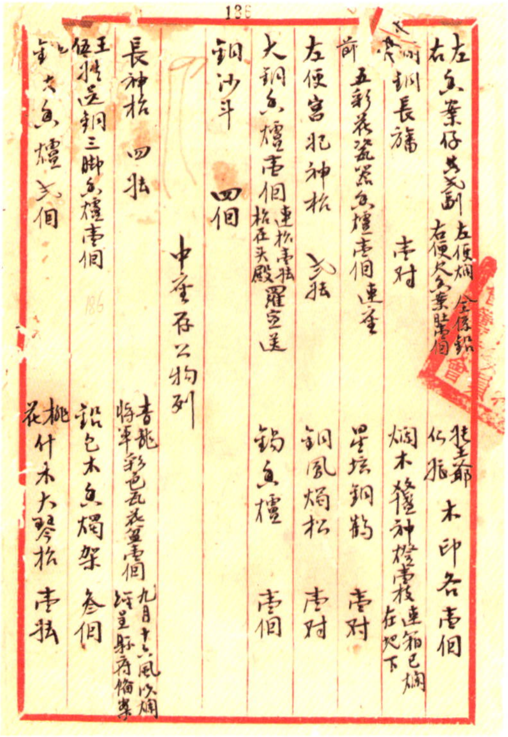
186
左右魚案仔共貳副 左便烱鉛全係 右便大魚案壹個
前後烱銅長旛 壹對
前 五彩花瓷器魚爐壹個連蓋
左便宮花神枱 貳張
大銅魚爐壹個 連枱壹張枱在大殿 羅宣送
銅沙斗 四個
中座存公物列
長神枱 四張
王任姓送銅三腳魚爐壹個
金玉大魚爐 貳個
壽星公仙姬 木印各壹個
烱木籠神燈壹枝連箱已烱在地下
星壇銅鶴 壹對
銅鳳燭枱 壹對
錫魚爐 壹個
青龍將軍彩色瓦花盆壹個 九月十六風吹爛 坭呈縣存備案
鉛包木魚燭架 叁個
桃花竹木大琴枱 壹張

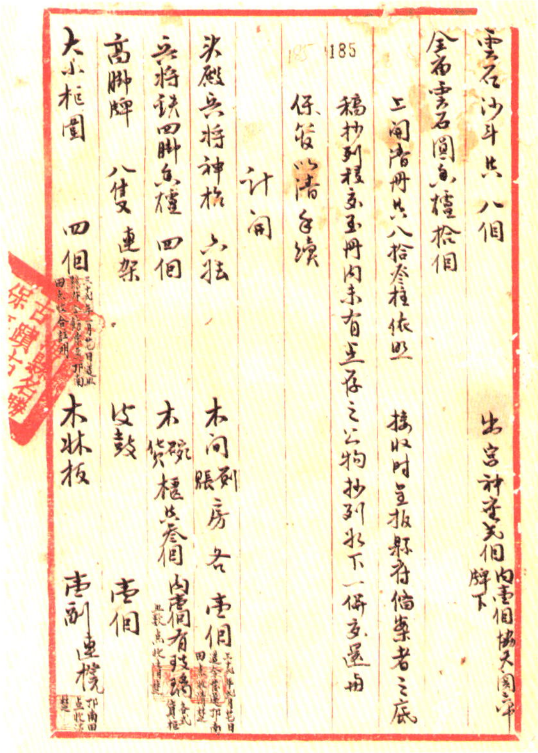
185
雲石沙斗共八個 出宮神案弍個 內壹個協天宮字牌下
全崙雲石圓鼓墩拾個
上開清冊共八拾叁種依照 接收時呈報縣府備案者之底
稿抄列核與玉冊內未有呈存之公物抄列於下一併交還由
保管以清手續
計開
頭殿兵將神枱 六張 木間賬房 各壹個
兵將鐵四腳鼓墩 四個 木貨櫃共叁個 內壹個有玻璃
高腳牌 八隻連架 皮鼓 壹個
大小柜圍 四個 木床板 壹副連欖

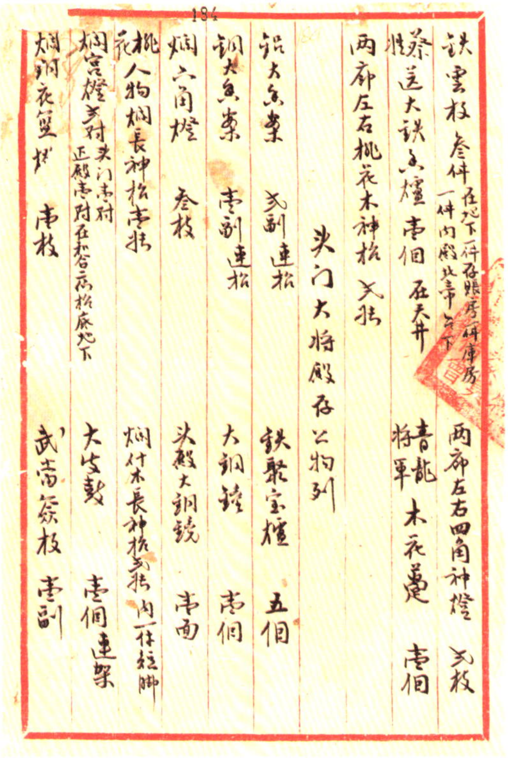
184
鐵雲板叁件 在地下一件存賬房一件庫房一件內殿北帝台下 兩廊左右四角神燈 弍枚
錫送大鐵鼓墩壹個 在天井 青龍將軍 木衣籠 壹個
兩廊左右桃花木神枱 弍張
頭門大將殿存公物列
錫大香案 弍副連枱 鐵聚寶爐 五個
銅大香案 壹副連枱 大銅鐘 壹個
燭六角燈 叁枚 頭殿大銅鏡 壹面
桃花人物燭長神枱壹張 燭付木長神枱弍張 內一件缺腳
燭宮燈弍對 頭門壹對 正殿壹對在於谷房松底地下 大皮鼓 壹個連架
燭銅衣籠架 壹枚 武當簽枚 壹副

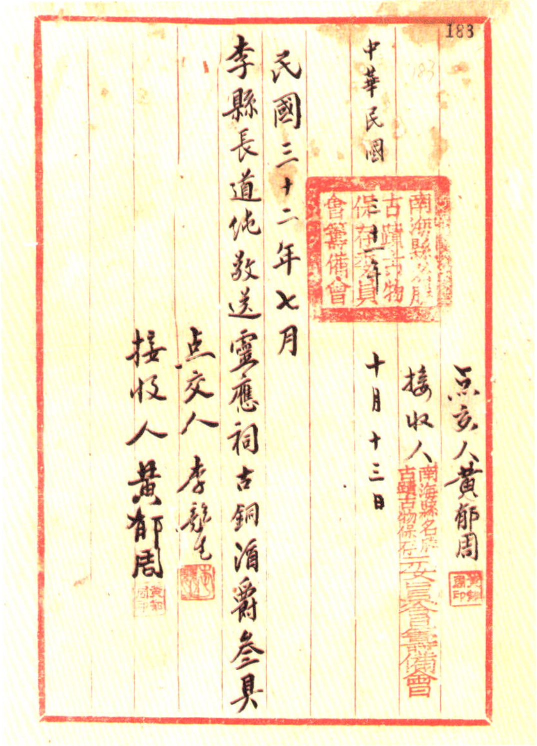
183
點交人黃郁周
接收人 南海縣名勝古蹟古物保存委員會籌備會
中華民國 十月十三日
南海縣名勝古蹟古物保存委員會籌備會
民國三十二年七月
李縣長道純致送靈應祠古銅酒爵叁具
點交人 李龍
接收人 黃郁周

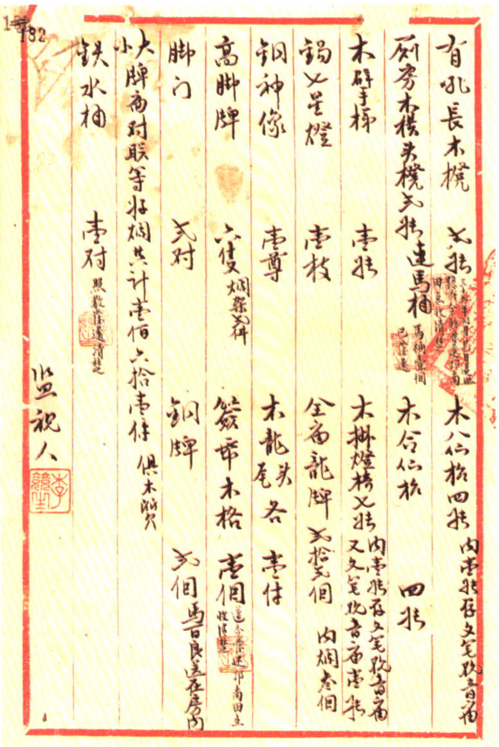
182
有吼長木欖 弍張 木八仙枱四張 內壹張存文笔收音局
厨房木櫈弍欖弍張連馬桶 木合仙枱 四張
木聯手椅 壹張 木掛燈椅弍張 內壹張存文笔收音局壹張
錫又星燈 壹枚 全崙龍牌 弍拾弍個 內燭叁個
銅神像 壹尊 木龍頭尾 各壹付
高腳牌 六隻 燭架弍件 簽筒木枱 壹個
腳門 弍對 銅牌 弍個 馬百良送在房內
大牌扁對聯等物共計壹佰六拾壹件 俱木料
鐵水桶 壹對
監視人

呈［呈报送还灵应祠古铜器察核］

南海县名胜古迹古物保存委员会

1943年7月16日写文，7月22日发文

佛山市南海区档案馆藏

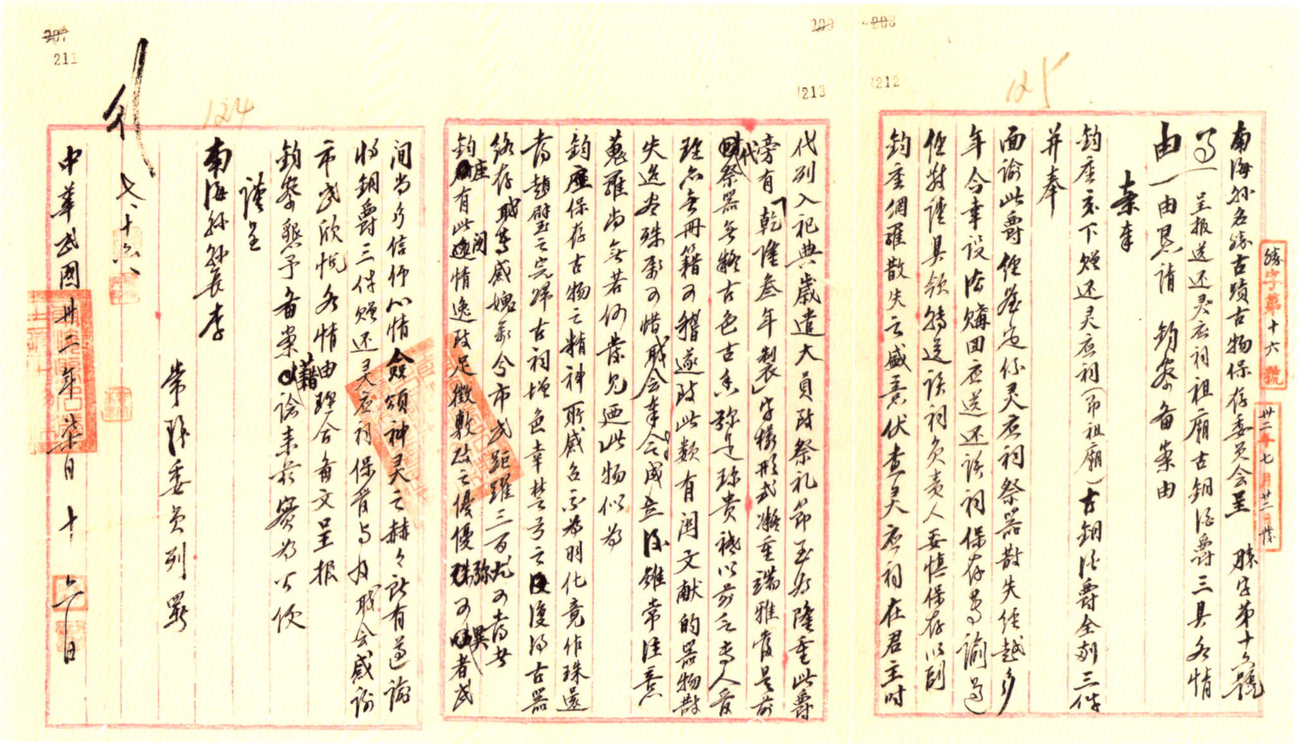
南海县名胜古迹古物保存委员会呈　胜字第十六号
事由：呈报送还灵应祠祖庙古铜爵三具各情由恳请　钧察备案由
案奉
钧座交下发还灵应祠（即祖庙）古铜爵金刻三件并奉
面谕此爵经查系灵应祠祭器散失经越多年，今幸设法赎回应送还该祠保存等谕，遵经备具领结送该祠负责人妥慎保存，以副
钧座维护散失之盛意。伏查灵应祠在君主时代列入祀典，岁遣大员致祭，礼节至为隆重。此爵旁有「乾隆叁年制」字样，形式凝重端雅，当是彼时祭器。古色古香，弥足珍贵。秘以为之寺人爱护，且无册籍可稽，遂致此数有关文献的器物散失，逸者殊属可惜。本会成立以来，虽常注意蒐罗，尚无若何发见。此物似为
钧座保存古物之精神所感召，不啻明化，竟作珠还，青赵璧之完归古祠，增色幸甚。今之役复得古器，[illegible]
钧座有此遗情逸致，足征敦古之[illegible]
间，当多信仰心情，[illegible]颂神灵之赫赫。该有关[illegible]将铜爵三件发还灵应祠保管，与本会[illegible]市民欣悦各情由，理合备文呈报
钧察，恳予备案，[illegible]谕未宣，实为公便。
谨呈
南海县县长李
常务委员刘[illegible]
中华民国卅二年柒月十六日

胜字第十六号　三十二年七月廿二日发

南海县名胜古迹古物保存委员会呈

胜字第十六号

事由

呈报送还灵应祠祖庙古铜酒爵三具各情由，恳请钧察，备案由。

案奉钧座交下赠还灵应祠（即祖庙）古铜酒爵全副三件，并奉面谕，此爵经鉴定，系灵应祠祭器，散失经越多年，今幸设法购回，应送还该祠保存等谕。遵经敬谨具领，转送该祠负责人委慎保存，以副钧座网罗散失之盛意。伏查灵应祠在君主时代列入祀典，岁遣大员致祭，礼节至为隆重。此爵旁有"乾隆叁年制"字样，形式凝重端雅，当是前代祭器无疑，古色古香，弥足珍贵。只以前乏专人管理，亦无册籍可稽，遂致此数。有关文献的器物散失迨尽，殊属可惜。职会奉令成立后，虽常注意搜罗，尚无若何发见。乃此物似为钧座保存古物之精神所感召，亦为羽化，竟作珠还。

喜赵璧之完归，古祠增色；幸楚弓之复得，古器终存。职等感愧万分，市民距跃三百。尤可喜者，钧座有此闲情逸致，足征敷政之优优，弥可异者，民间尚行，信仰心情佥颂神灵之赫赫，所有遵谕将铜爵三件赠还灵应祠保管，与及职会感谢、市民欣悦各情由，理合备文呈报钧察，恳予备案，藉谂来兹，实为公便。

谨呈南海县县长李。

常务委员列署

七·十六

中华民国三十二年柒月十六日

指令［准予核备送还灵应祠古铜器］

南海县政府

1943年8月3日

佛山市南海区档案馆藏

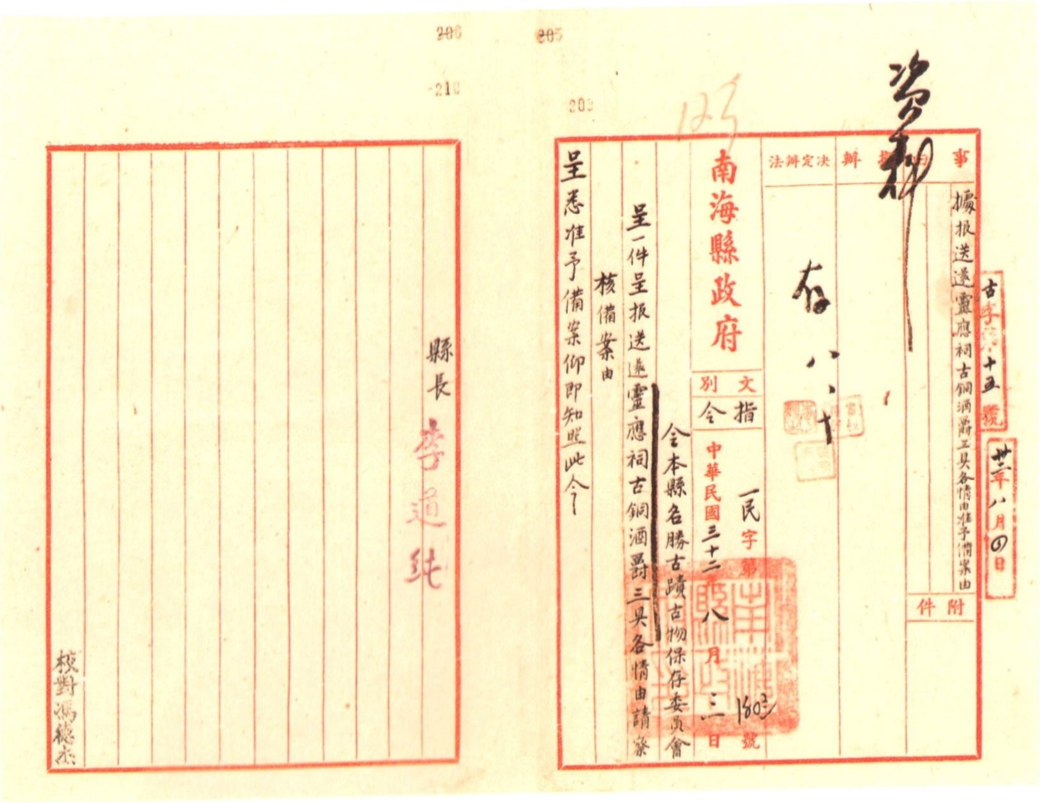

古字第十五号　三十二年八月四日

据报送还灵应祠古铜酒爵三具各情由准予备案由

南海县政府　文别：指令　一民字第1508号　中华民国三十二年八月三日

令本县名胜古迹古物保存委员会呈一件呈报送还灵应祠古铜酒爵三具各情由，请察核备案由。

呈悉，准予备案，仰即知照，此令。

县长　李道纯

校对　冯德杰

南海县佛山地方公产保管委员会所辖祖庙庙内保存公物清册（协诚堂存下物件列册）

黄剑兴等

1947年1月6日

佛山市南海区档案馆藏

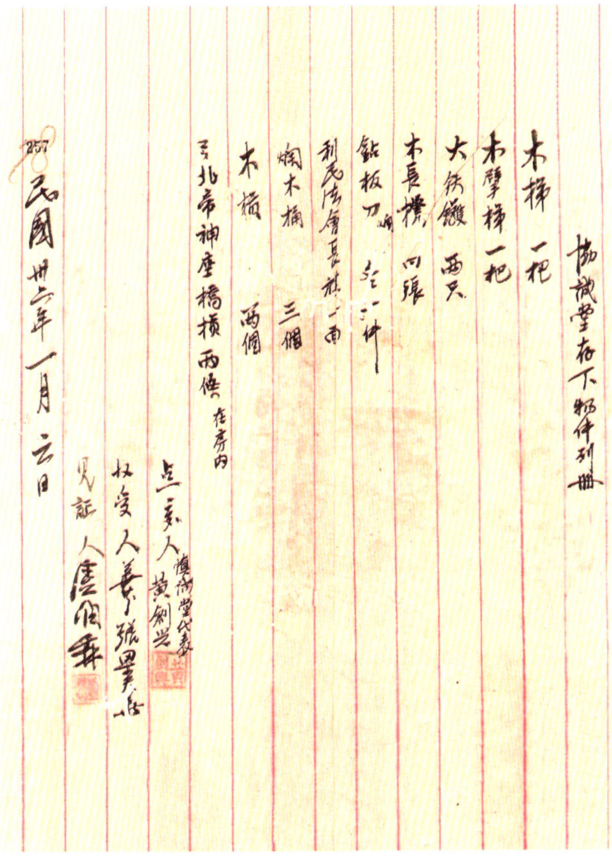

257

協誠堂存下物件列册

木梯 一把

木學梯 一把

大鉄鑊 兩只

木長櫈 四張

鉛板刀 [illegible] 二十件

利民法會長旗 一面

爛木桶 三個

木桶 兩個

玄北帝神座檯櫈 兩條 在房內

點交人 協誠堂代表 黃劍兴

收交人 [illegible]

見証人 [illegible]

民國卅六年一月六日

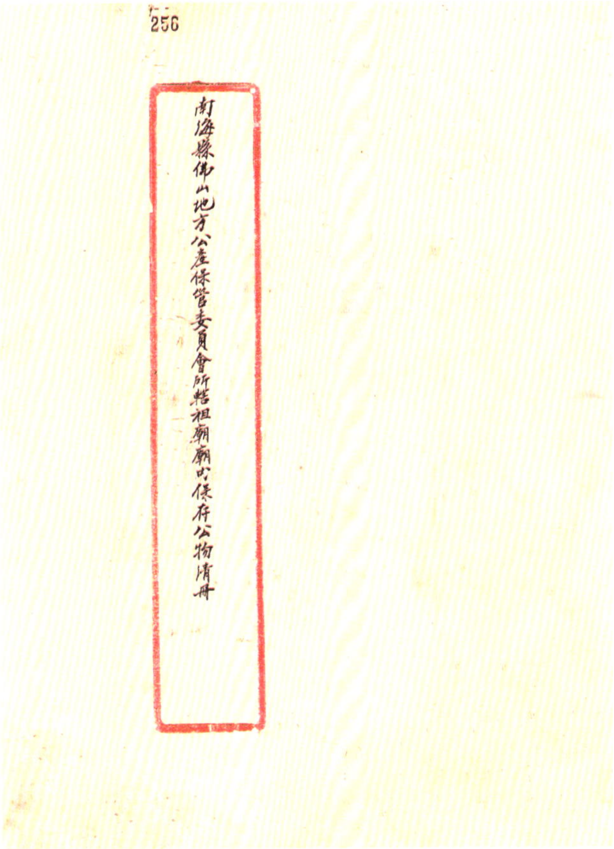

256

南海縣佛山地方公產保管委員會所轄祖廟廟內保存公物清册

南海县佛山地方公产保管委员会所辖灵应祠（即祖庙）庙内公物清册

南海县地方公产保管委员会

1947年1月1日

佛山市南海区档案馆藏

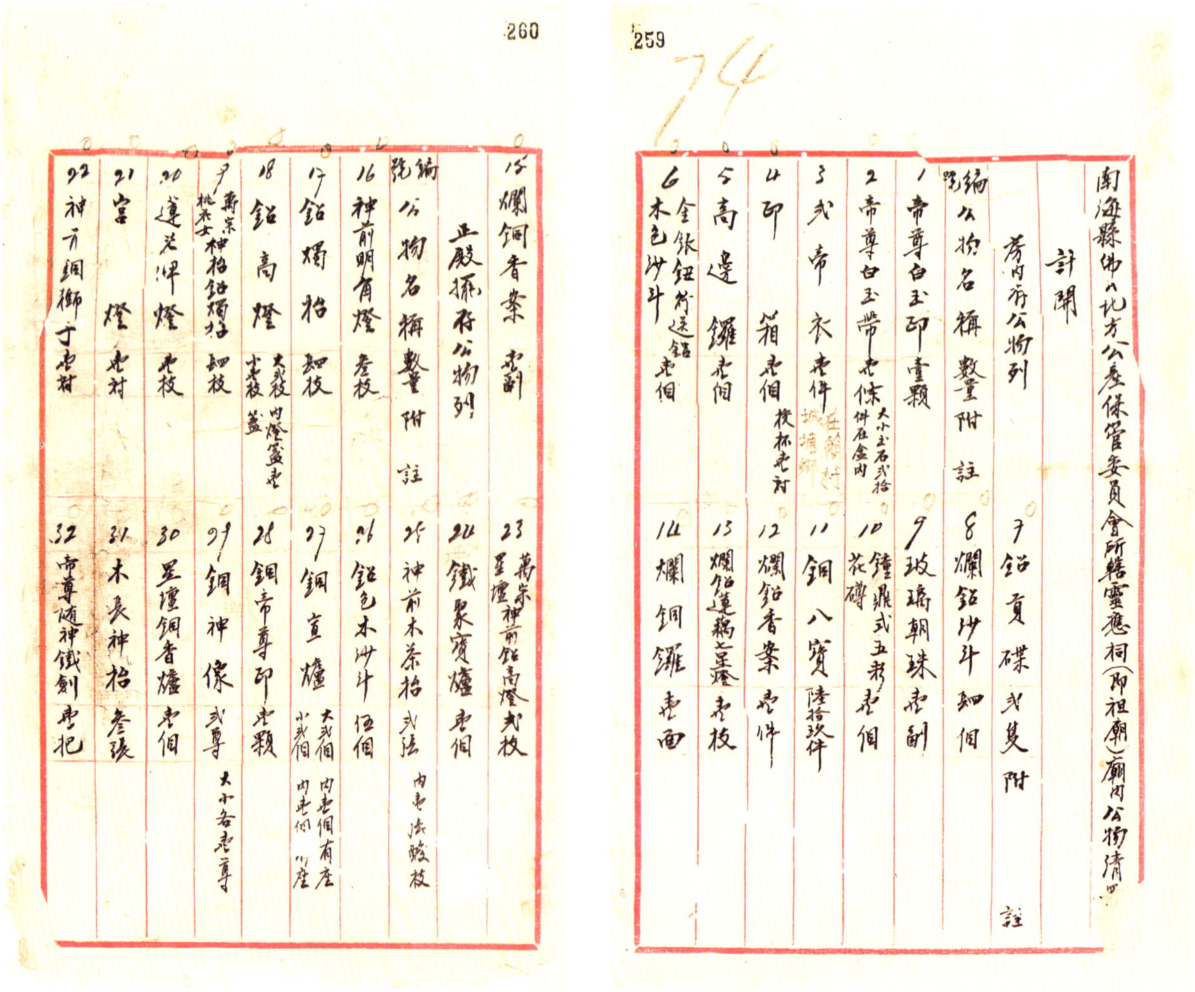

南海縣佛山地方公產保管委員會所轄靈應祠（即祖廟）廟內公物清冊

計開

前內存公物列

編號	公物名稱	數量	附註
1	帝尊白玉印	壹顆	
2	帝尊白玉帶	壹條	大小玉石貳拾件在內
3	武帝衣	壹件	[illegible]
4	印箱	壹個	[illegible]
5	高邊鑼	壹個	
6	金[illegible]木色沙斗	壹個	
7	鉛頁碟	貳隻	
8	爛鉛沙斗	[illegible]個	
9	玻璃朝珠	壹副	
10	花磚鐘鼎貳五彩	壹個	
11	銅八寶	陸拾玖件	
12	爛鉛香案	壹件	
13	爛鉛蓮藕宝燈	壹枝	
14	爛銅鑼	壹面	
15	爛銅香案	壹副	

正殿振存公物列

編號	公物名稱	數量	附註
16	神前明角燈	叁枝	
17	鉛燭枱	[illegible]枝	
18	鉛高燈	大[illegible]枝 小[illegible]枝	內燈盞壹盞
19	[illegible]神枱鉛燭枱	[illegible]枝	
20	蓮花[illegible]燈	壹枝	
21	宮燈	壹對	
22	神前銅[illegible]	壹對	
23	萬家皇壇神前鉛高燈	貳枝	
24	鐵聚寶爐	壹個	
25	神前木茶枱	貳張	內壹張[illegible]
26	鉛色木沙斗	伍個	
27	銅宣爐	大貳個 小貳個	內壹個有座 內壹個[illegible]
28	銅帝尊印	壹顆	
29	銅神像	貳尊	大小各壹尊
30	皇壇銅香爐	壹個	
31	木長神枱	叁張	
32	帝尊隨神鐵劍	壹把	

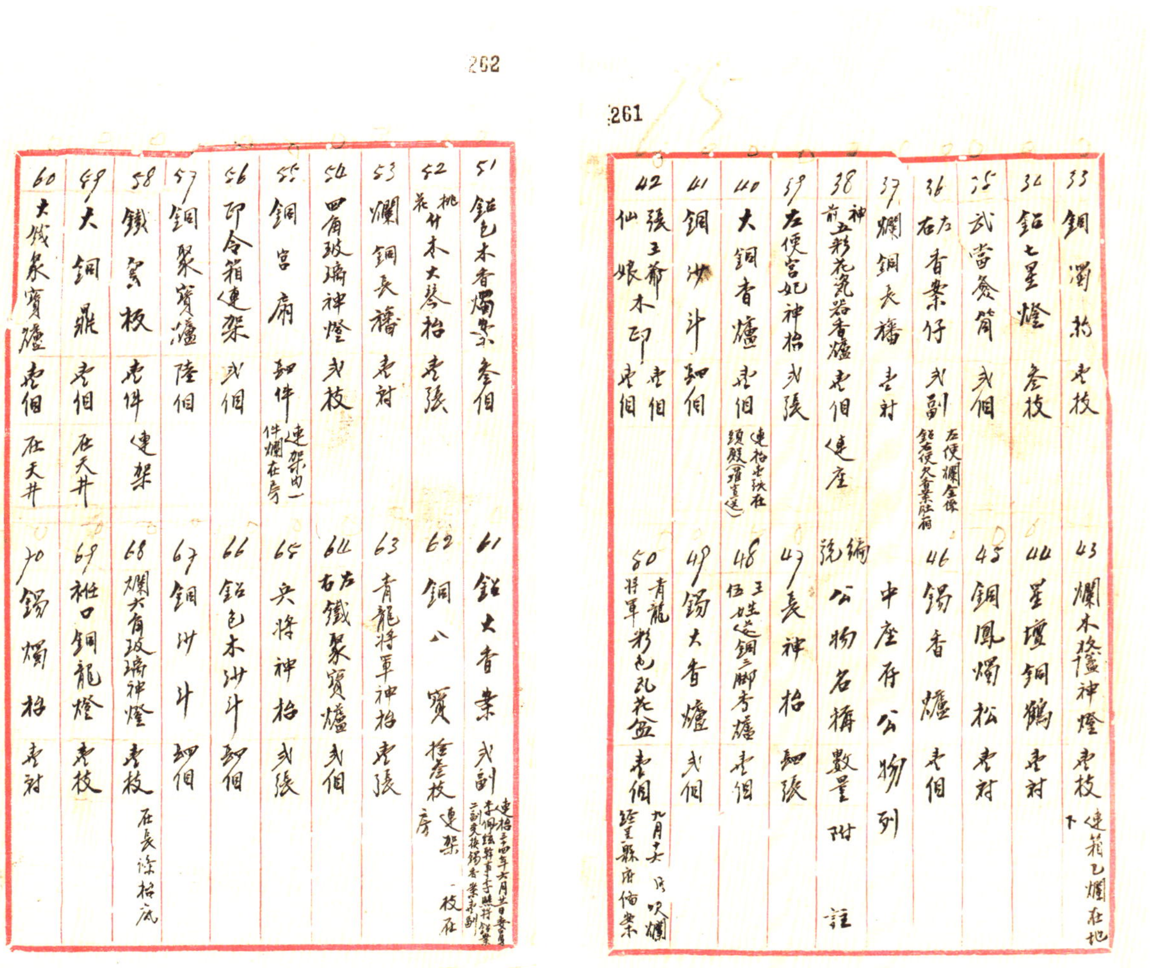
261

编号 公物名称 数量 附注

中座存公物列

33 銅瀏杓 壹枝
34 鉛七星燈 叁枝
35 武當簽筒 弍個
36 左右香案仔 弍副 左便爛全條 鉛右便欠香案肚箱
37 爛銅長幡 壹對
38 神前五彩花瓷器香爐 壹個 連座
39 左便宮妃神枱 弍張
40 大銅香爐 壹個 （連枱壹張在頭殿（羅吉送））
41 銅沙斗 肆個
42 張王爺仙娘木印 壹個 壹個
43 爛木琉璃神燈 壹枝 下連箱已爛在地
44 星壇銅鶴 壹對
45 銅鳳燭松 壹對
46 錫香爐 壹個
47 長神枱 肆張
48 伍王姓送銅三腳香爐 壹個
49 錫大香爐 弍個
50 青龍將軍彩色孔花盆 壹個 九月十六日吹爛 經呈縣府備案

262

51 鉛色木香燭案 叁個 連枱三十四年六月廿日李佩絃幹事李照祥等二副交換錫香案壹副
52 桃花竹木大參枱 壹張
53 爛銅長幡 壹對
54 四角玻璃神燈 弍枝
55 銅宮廟 肆件 連架內一件爛在旁
56 印令箱連架 弍個
57 銅聚寶爐 陸個
58 鐵穿枝 壹件 連架
59 大銅鼎 壹個 在天井
60 大號聚寶爐 壹個 在天井
61 鉛大香案 弍副
62 銅八寶 拾叁枝 連架 一枝在房
63 青龍將軍神枱 壹張
64 左右鐵聚寶爐 弍個
65 兵將神枱 弍張
66 鉛色木沙斗 肆個
67 銅沙斗 肆個
68 爛六角玻璃神燈 壹枝 在長除枱底
69 桃口銅龍燈 壹枝
70 錫燭枱 壹對

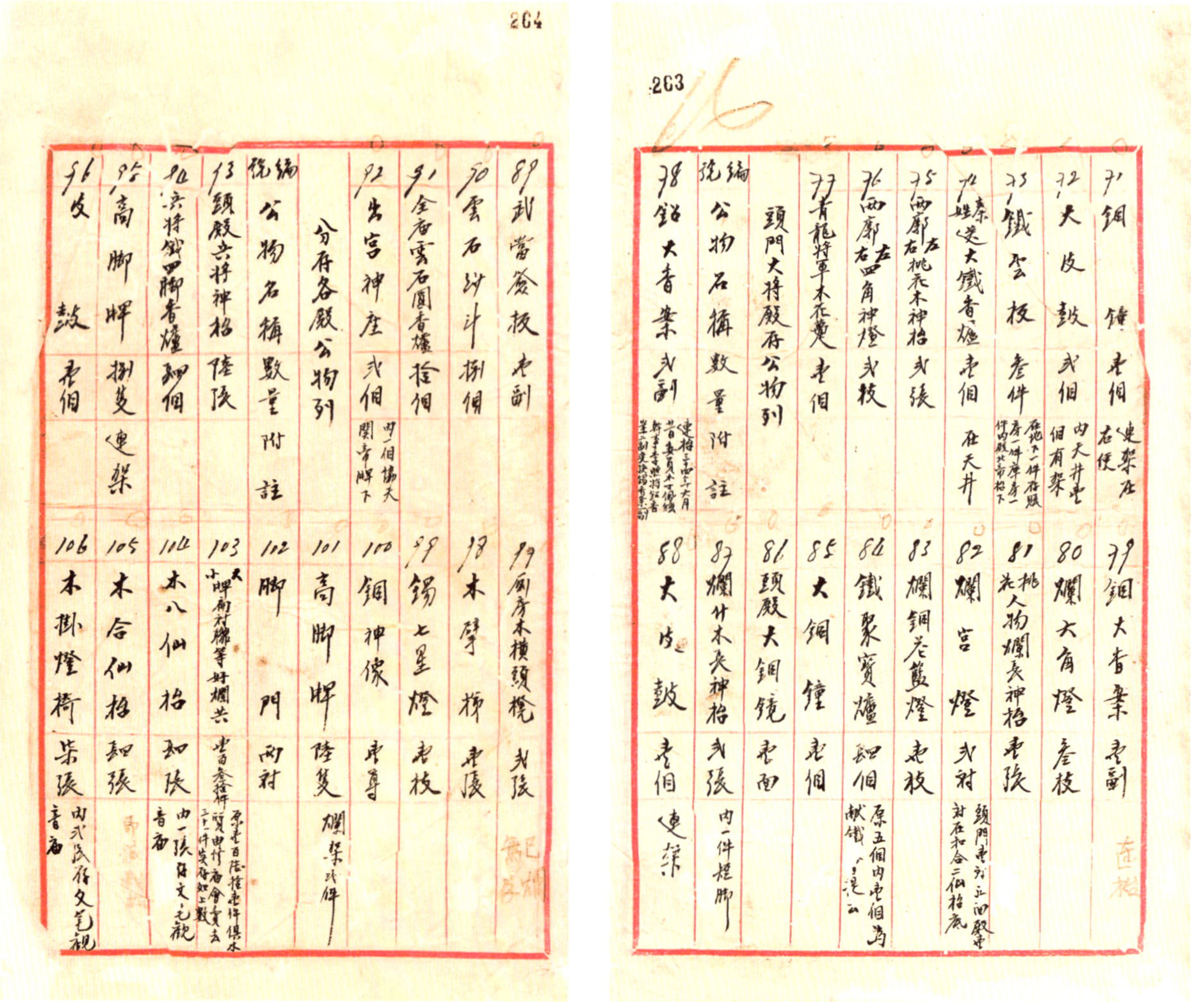

263

編號	公物名稱	數量	附註
71	銅鐘	壹個	連架在右便
72	大皮鼓	貳個	內天井壹個有架
73	鐵雲板	叁件	
74	泰姓送大鐵香爐	壹個	在天井
75	西廊左右挑花木神枱	貳張	
76	西廊左右四角神燈	貳枝	
77	青龍將軍木花亭	壹個	

頭門大將殿存公物列

編號	公物名稱	數量	附註
78	錫大香案	貳副	
79	銅大香案	壹副	
80	爛大角燈	叁枝	
81	挑花人物爛長神枱	壹張	
82	爛宮燈	貳對	頭門壹對正西殿壹對在和合二仙枱底
83	爛銅花籃燈	壹枝	
84	鐵聚寶爐	四個	原五個內壹個為賊
85	大銅鐘	壹個	
86	頭殿大銅鏡	壹面	
87	爛竹木長神枱	貳張	內一件起腳
88	大皮鼓	壹個	連架

264

編號	公物名稱	數量	附註
89	武當簽板	壹副	
90	雲石砂斗	捌個	
91	全座雲石圓香爐	拾個	
92	出宮神座	貳個	內一個協天關帝腳下

分存各殿公物列

編號	公物名稱	數量	附註
93	頭殿六將神枱	陸張	
94	六將戰四腳香爐	肆個	
95	高腳坪	捌隻	連架
96	皮鼓	壹個	
97	廁房木橫頭櫈	貳張	
98	木擘椅	壹張	
99	錫七星燈	壹枝	
100	銅神像	壹尊	
101	高腳坪	陸隻	爛架貳件
102	腳門	兩對	
103	大小呷廚村綁等好爛共	壹百叁拾件	
104	木八仙格	肆張	
105	木合仙枱	肆張	
106	木掛燈椅	柒張	

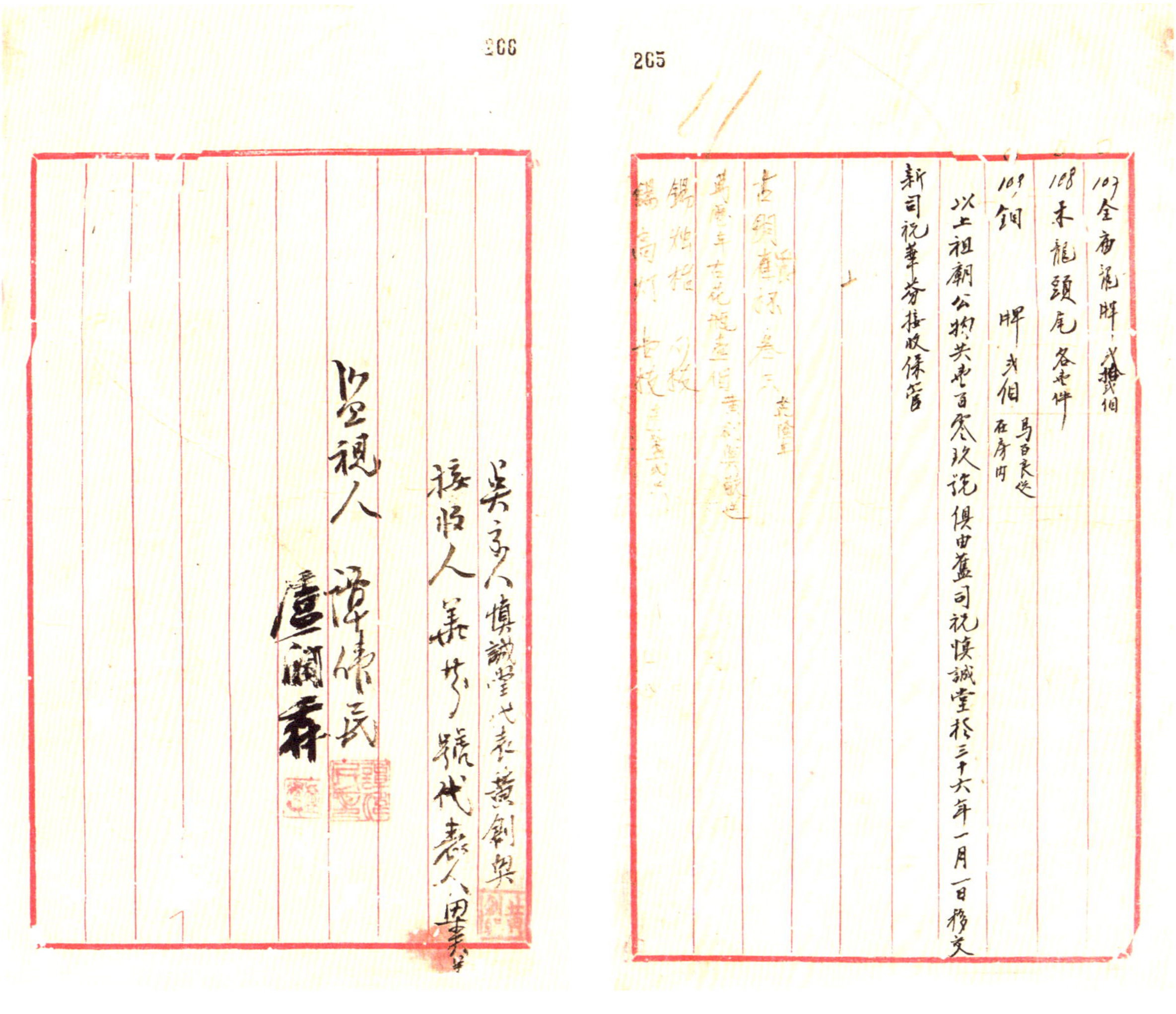
266

265

107 全府龍牌 弍拾弍個

108 木龍頭尾 各壹件

109 銅 牌 弍個 馬自良送 在廟內

以上祖廟公物共壹百叁玖號 俱由舊司祝慎誠堂於三十六年一月一日移交

新司祝華芬接收保管

吳交人 慎誠堂代表黃劍與

接收人 華芬號代表人

監視人 譚傅民

盧潤森

南海县佛山祖庙内保存公物清册

南海县佛山地方公产保管委员会

1949年7月31日

佛山市南海区档案馆藏

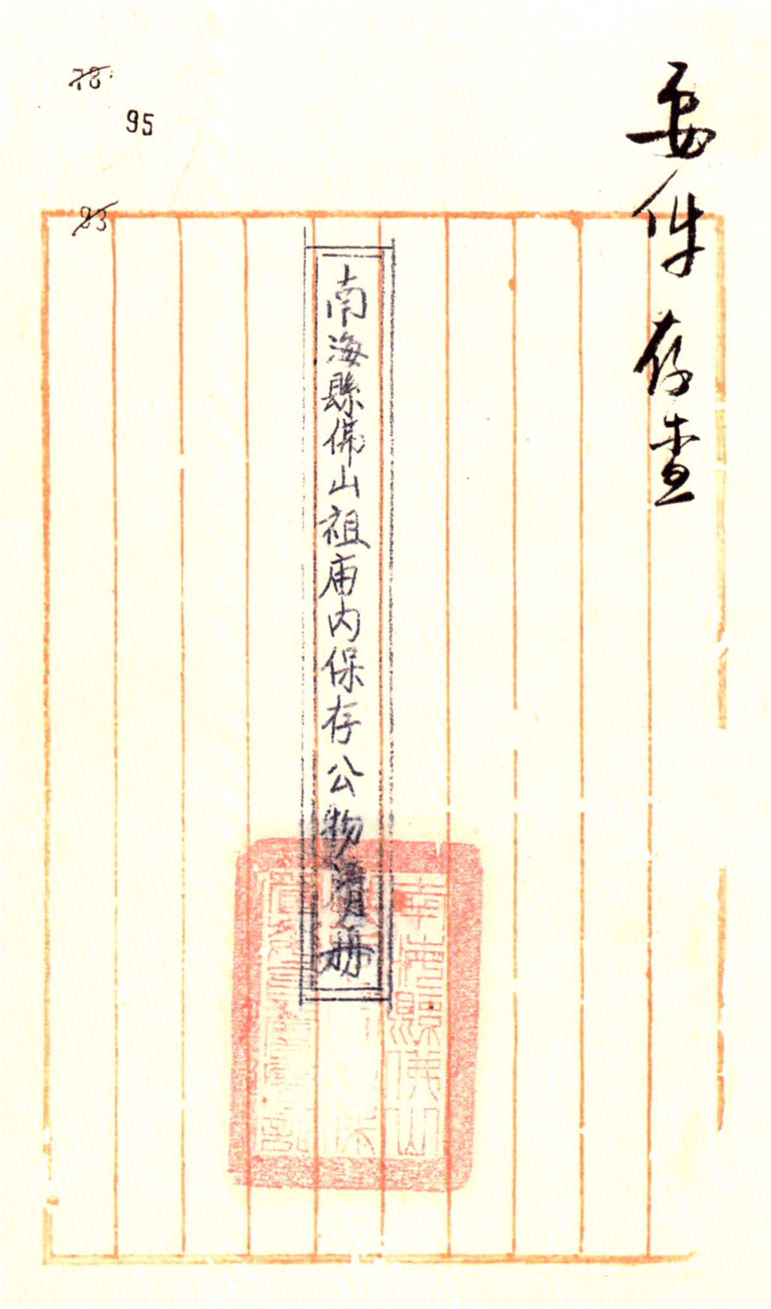
95

南海縣佛山祖廟內保存公物清冊

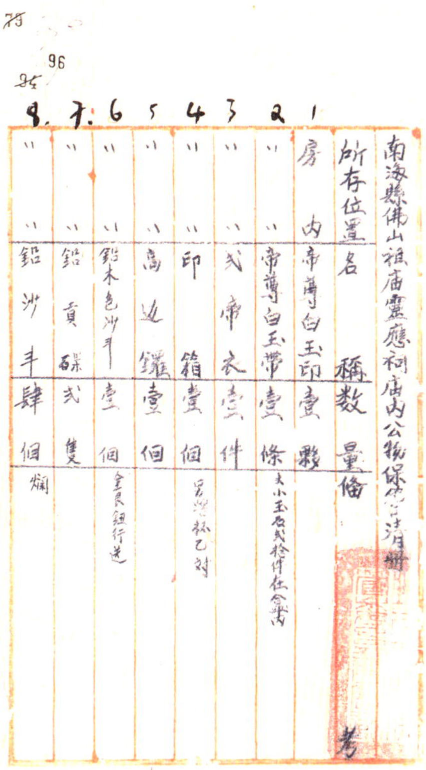

南海縣佛山祖廟靈應祠廟內公物保管清冊

	所存位置	名稱	數量	備考
1	房内	帝尊白玉印	壹顆	
2	〃 〃	帝尊白玉帶	壹條	大小玉石貳拾件在內
3	〃 〃	戎帝衣	壹件	
4	〃 〃	印箱	壹個	另[illegible]杯乙對
5	〃 〃	高边鑼	壹個	
6	〃 〃	鉛木色沙斗	壹個	全良鈕行送
7	〃 〃	鉛貢碟	貳隻	
8	〃 〃	鉛沙斗	肆個	爛

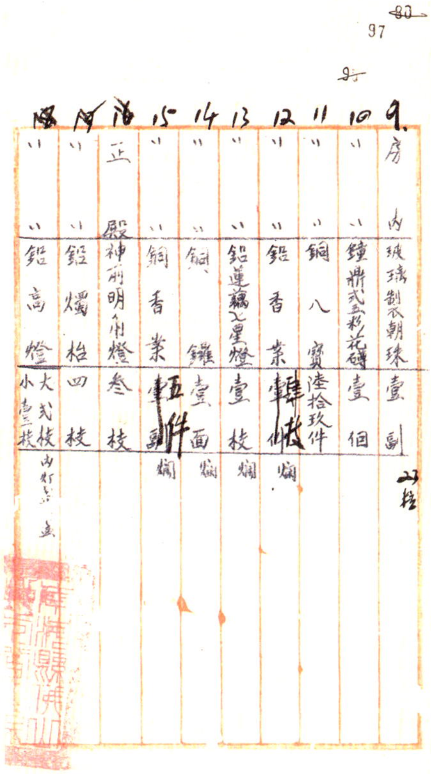

	所存位置	名稱	數量	備考
9	房内	玻璃製衣朝珠	壹副	23粒
10	〃 〃	鐘鼎式五彩花磚	壹個	
11	〃 〃	銅八寶	陸拾玖件	
12	〃 〃	鉛香案	肆枝	爛
13	〃 〃	鉛蓮藕七星燈	壹枝	爛
14	〃 〃	銅鑼	壹面	爛
15	〃 〃	銅香案	五件	爛
16	正殿	神前明角燈	叁枝	
17	〃 〃	鉛燭枱	四枝	
18	〃 〃	鉛高燈	大弍枝 小壹枝	内[illegible]

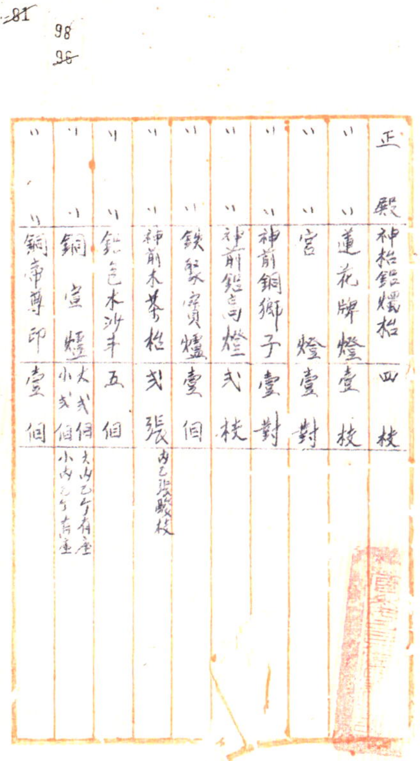

所存位置	名稱	數量	備考
正殿	神枱鉛燭枱	四枝	
〃 〃	蓮花牌燈	壹枝	
〃 〃	宮燈	壹對	
〃 〃	神前銅獅子	壹對	
〃 〃	神前鉛高燈	弍枝	
〃 〃	鉄製寶爐	壹個	
〃 〃	神前木茶枱	弍張	内乙張缺枝
〃 〃	鉛色木沙斗	五個	
〃 〃	銅宣爐	大弍個 小弍個	大内乙个有座 小内乙个有座
〃 〃	銅帝尊印	壹個	

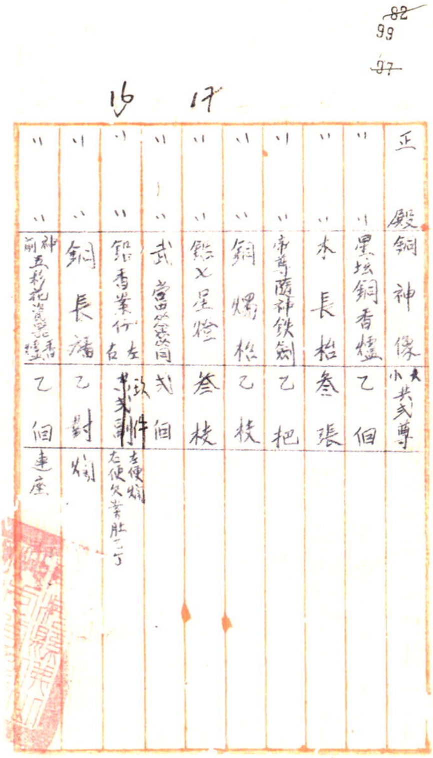

所存位置	名稱	數量	備考
正殿	銅神像	大小共弍尊	
〃 〃	黑坛銅香爐	乙個	
〃 〃	木長枱	叁張	
〃 〃	帝尊簡神鉄劍	乙把	
〃 〃	銅燭枱	乙枝	
〃 〃	鉛七星燈	叁枝	
〃 〃	武當山簽筒	弍個	
〃 〃	鉛香案行 左右	玖件	左便爛 右便欠案肚二丁
〃 〃	銅長燭	乙對	爛
〃 〃	神前五彩花瓷香爐	乙個	連座

~~85~~ 100 ~~98~~

正殿	左侯宫妃神枱	弍張	
〃〃	大銅香爐	乙個	連枱乙張[illegible]送
〃〃	張王爺仙洪水印	各乙個	
〃〃	木燈盞神燈	乙枚	連箱已爛在地下
〃〃	星垓銅鶴	乙對	
〃〃	銅鳳燭松	乙對	
〃〃	錫香爐	乙個	
〃〃	銅沙斗	兩個	
中座	長神枱	兩張	
〃〃	銅三脚香爐	乙個	王任姓送

101 ~~84~~ ~~99~~

中座	錫大香爐	弍個	
〃〃	青龍將軍彩色瓦花盆	乙個	七月十六日風吹爛經王勒存個等
〃〃	鉛色木香燭架	叁個	
〃〃	桃花什木大琴枱	乙張	
〃〃	銅長旛	乙對	
〃〃	四角玻璃神燈	弍枚	
〃〃	銅宮扇	四件	連架內乙件爛在旁
〃〃	印令箱	弍個	連架
〃〃	銅聚寶爐	六個	
〃〃	鉄雲板	乙件	連架

~~86~~ 102 ~~100~~

中座	大銅鼎	乙個	在天井
〃〃	大鉄聚寶爐	乙個	在天井
〃〃	鉛大香案	弍副	連枱
〃〃	銅八寶	拾叁枚	連架另一枝在房
〃〃	青龍將軍神枱	乙張	
〃〃	左右鉄聚寶爐	弍個	
〃〃	兵將神枱	弍張	
〃〃	鉛色沙斗	兩個	
〃〃	銅沙斗	兩個	
〃〃	大玻璃神燈	乙枚	爛在長枱底

103 ~~86~~ ~~101~~

中座	社口銅龍燈	乙枚	
〃〃	銅燭枱	乙對	
〃〃	銅鐘	乙個	連架在右便
〃〃	大皮鼓	弍個	內天井乙个有架
〃〃	鉄雲板	叁件	在地下乙件存帳房乙件庫房乙件內殿北帝台下
〃〃	大鉄香爐	乙個	在天井
〃〃	桃花木神枱	弍張	在兩廊左右
〃〃	四角神燈	弍枚	兩廊左右
〃〃	青龍將軍木花藍足	乙個	
頭门大將殿	鉛大香案	弍副	連枱

~~88~~
~~103~~ 105

头门大将殿 武當簽板 乙副
〃 〃 雲石洲手 捌個
〃 〃 雲石圓香爐 拾個 全廟計
〃 〃 出宮神座 弍個 內乙个係天后帝像下
〃 〃 兵將神枱 六張
〃 〃 鉄四腳香爐 四個 兵將殿
〃 〃 高腳牌 捌隻 遊架
〃 〃 皮〃鼓 乙個
〃 〃 木合仙枱 四張
〃 〃 木碌手梯 乙張

~~87~~
~~102~~ 104

〃 〃 銅大香案 乙副 連
〃 〃 六角燈 叁枝 爛
〃 〃 桃花人物長神枱 乙張
〃 〃 宮燈 弍對 头门乙对 正殿乙对 在和合兩邊 爲□□爛
〃 〃 銅花盆燈 乙枝
〃 〃 鉄聚寶爐 五個
〃 〃 大銅鐘 乙個
〃 〃 大銅鏡 乙面
〃 〃 什木長神枱 弍張 內乙件短腳
〃 〃 大皮鼓 乙個 遊架

~~90~~
~~105~~ 107

見証人
點交人
接收人
中華民國三十八年七月三十一日

~~89~~106
~~104~~

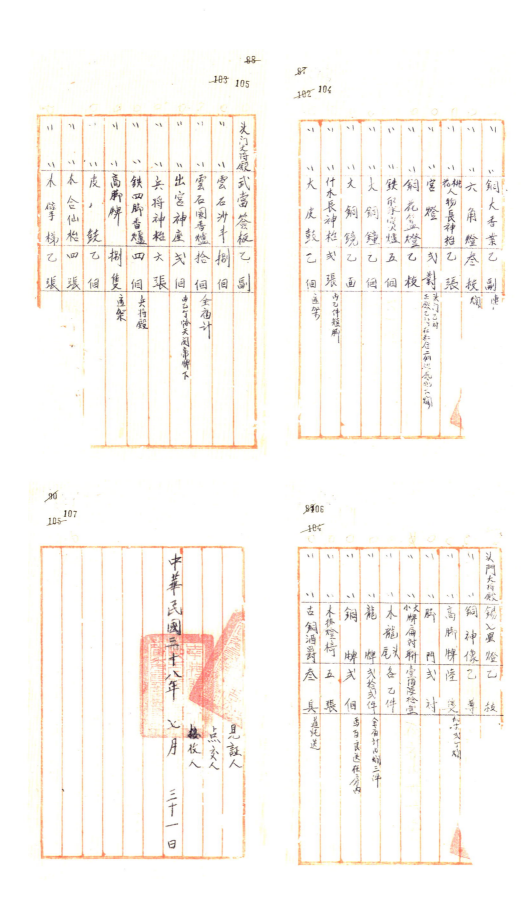

頭門大將殿 錫七星燈 乙枝
〃 〃 銅神像 乙尊
〃 〃 高腳牌 陸隻 □□弍个爛
〃 〃 腳門 弍對
〃 〃 大小牌扁對聯 壹佰陸拾盒
〃 〃 木龍头尾 各乙件
〃 〃 龍牌 弍拾弍件 全廟計內爛三件
〃 〃 銅牌 弍個 馬百良送在三房內
〃 〃 木掛燈椅 五張
〃 〃 古銅酒爵 叁具 道純送

二 佛山祖庙产业移交情形

呈［呈报拟将大魁堂公产送请募债公会接收］

南海县佛山市地方公产管理委员会

1937年11月12日

佛山市南海区档案馆藏

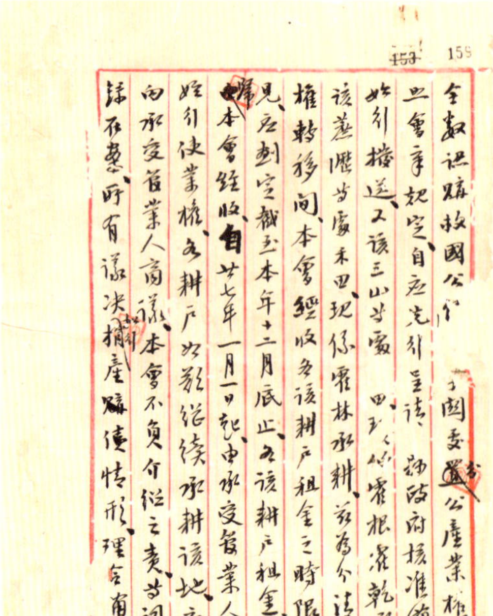

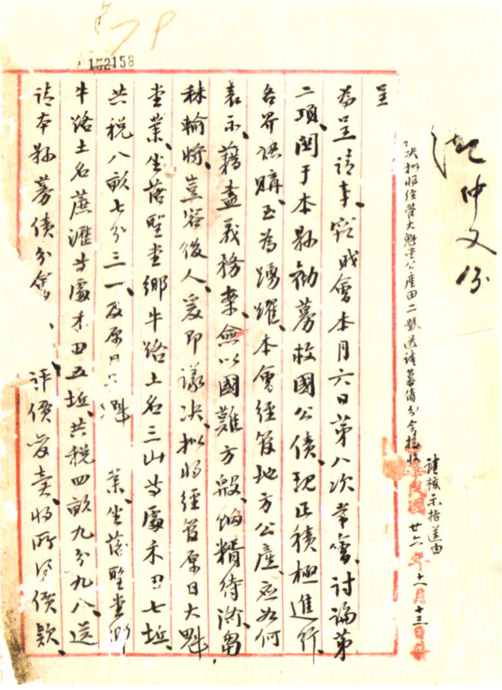

□决拟将经管大魁堂公产田二号送请募债分会接收　请核示指送由　中华民国廿六年十一月十三日发

呈

为呈请事，窃职会本月六日第八次常会讨论第二项，关于本县劝募救国公债，现正

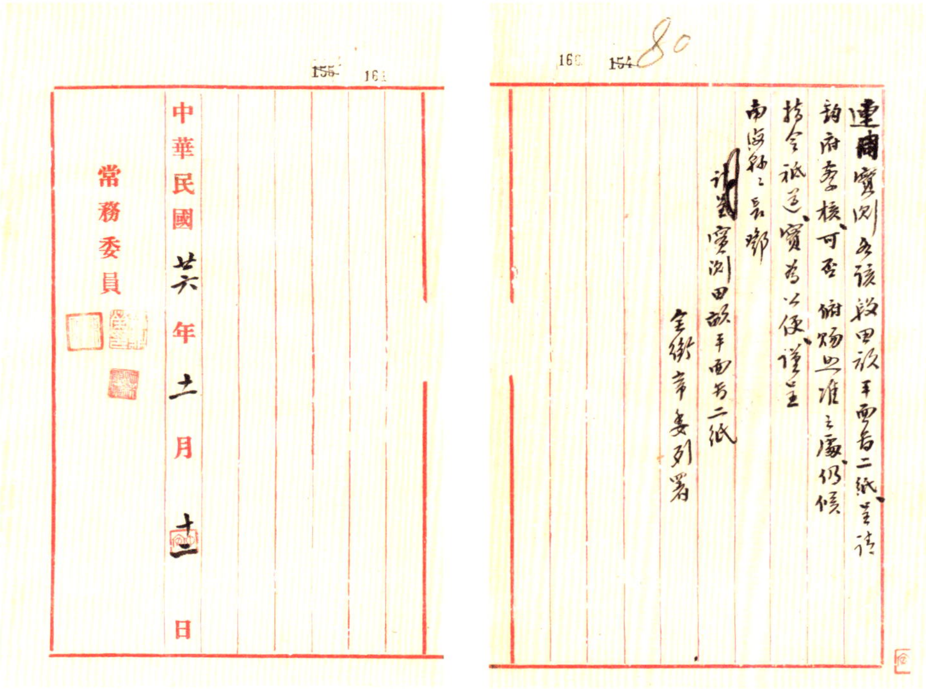
155 161 160 154 80

連同實測各該段田畝平面圖二紙呈請
鈞府察核可否 俯賜照准之處仍候
指令祇遵實為公便謹呈
南海縣縣長鄧
計呈實測田畝平面圖二紙
全銜常委列署

常務委員

中華民國廿六年十一月十二日

积极进行，各界认购至为踊跃。本会经管地方公产，应如何表示，藉尽义务案。佥以国难方殷，饷糈待备，刍秣输将，岂容后人，爰即议决，拟将经管原日大魁堂业，坐落圣堂乡牛路，土名三山等处禾田七丘，共税八亩七分三一，及原日大魁（堂）业，坐落圣堂乡牛路，土名蔗沥等处禾田五丘，共税四亩九分九八，送请本县募债分会□□评价管卖，将所得价款全数认购救国公（债），□□关处分公产业权，查照会章规定，自应先行呈请县政府核准备案，始行拨送。又该三山等处（禾）田现系霍根、霍乾承耕，该蔗沥等处禾田，现系霍林承耕，兹为分清业权转移间，本会经收各该耕户租金之时限起见，应划定截至本年十二月底止，各该耕户租金仍归本会经收。自廿七年一月一日起，由承受管业人开始行使业权，各耕户如欲继续承耕该地，应迳向承受管业人商议，本会不负介绍之责，等词，纪［记］录在案，所有决议如行捐产购债情形，理合备文。连同实测各该段田亩平面图二纸，呈请钧府察核，可否。

俯赐照准之处，仍候指令只遵，实为公便。谨呈南海县县长邓。

计呈实测田亩平面图二纸。

全衔常委列署

中华民国廿六年十一月十二日

训令［令救济院将以前拨送管理之祖庙产业种类及经过具报］

南海县政府

1943年3月2日

佛山市南海区档案馆藏

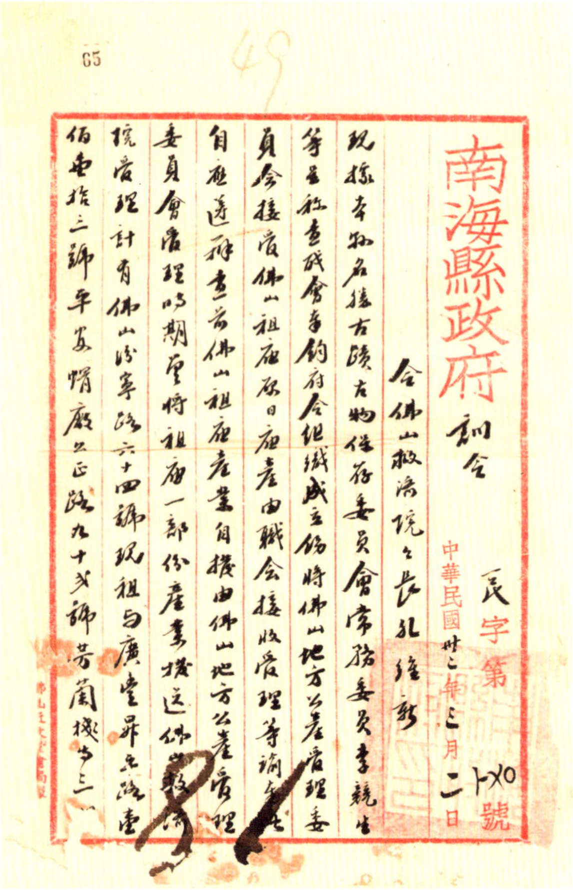
65

南海縣政府訓令 民字第一七〇號

中華民國卅二年三月二日

令佛山救濟院院長孔維新

現據本縣名勝古蹟古物保存委員會常務委員李鏡生等呈稱：查職會奉鈞府令組織成立，飭將佛山地方公產管理委員會接管佛山祖廟原日廟產由職會接收管理等諭。奉自應遵辦。查前佛山祖廟產業自撥由佛山地方公產管理委員會管理以後，期間曾將祖廟一部份產業撥送佛山救濟院管理，計有佛山汾寧路六十四號現租與廣豐昇，又昇平路壹佰壹拾三號平安帽廠，公正路九十五號芳蘭機房三……

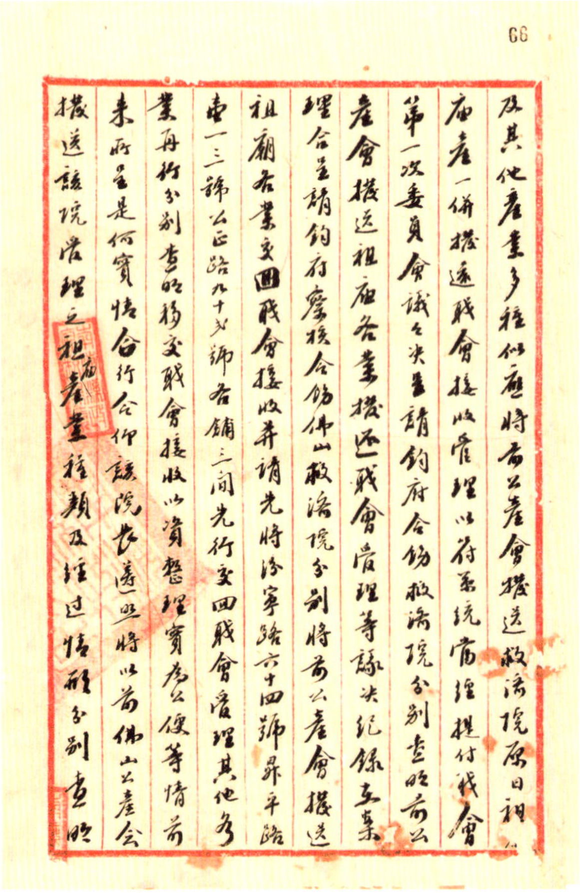
66

及其他產業多種，似應將前公產會撥送救濟院原日祖廟廟產一併撥還職會接收管理，以符系統。當經提付職會第一次委員會議，議決呈請鈞府令飭救濟院分別查明前公產會撥送祖廟各業撥還職會管理等語，決紀錄在案。理合呈請鈞府察核，令飭佛山救濟院分別將前公產會撥送祖廟各業交回職會接收，並請先將汾寧路六十四號、昇平路壹一三號、公正路九十五號各舖三間先行交回職會管理，其他各業再行分別查明移交職會接收，以資整理，實為公便等情。前來。府查是何實情，合行令仰該院長遵照，將以前佛山公產會撥送該院管理之祖廟產業種類及經過情形分別查明

南海县政府训令　一民字第1140号　中华民国三十二年三月二日

令佛山救济院院长孔经新

现据本县名胜古迹古物保存委员会常务委员李竞生等呈称，查职会奉钧府令组织成立，饬将佛山地方公产管理委员会接管佛山祖庙原日庙产由职会接收管理等谕，奉此自应遵办。查前佛山祖庙产业，自拨由佛山地方公产管理委员会管理时期，曾将祖庙一部分产业拨送佛山救济院管理，计有佛山汾宁路六十四号，现租与广丰，升平路壹佰壹拾三号，平安帽厂，公正路九十贰号，芳兰栈等三□及其他产业多种，似应将前公产会拨送救济院原日祖□庙产一并拨还职会接收管理，以符系统。当经提付职会第一次委员会议议决，呈请钧府令饬救济院分别查明前公产会拨送祖庙各业，拨还职会管理等议决纪［记］录在案。

理合呈请钧府察核，令饬佛山救济院分别将前公产会拨送祖庙各业交回职会接收，并请先将汾宁路六十四号、升平路壹一三号、公正路九十贰号各铺三间，先行交回职会管理，其他各业再行分别查明，移交职会接收，以资整理，实为公便等情，前来所呈，是何实情。合行令仰该院长遵照，将以前佛山公产会拨送该院管理之祖庙产业种类及经过情形分别查明。

公函［函知将祖庙庙产列册移交日期］

南海县佛山市地方公产管理委员会

1943年4月8日

佛山市南海区档案馆藏

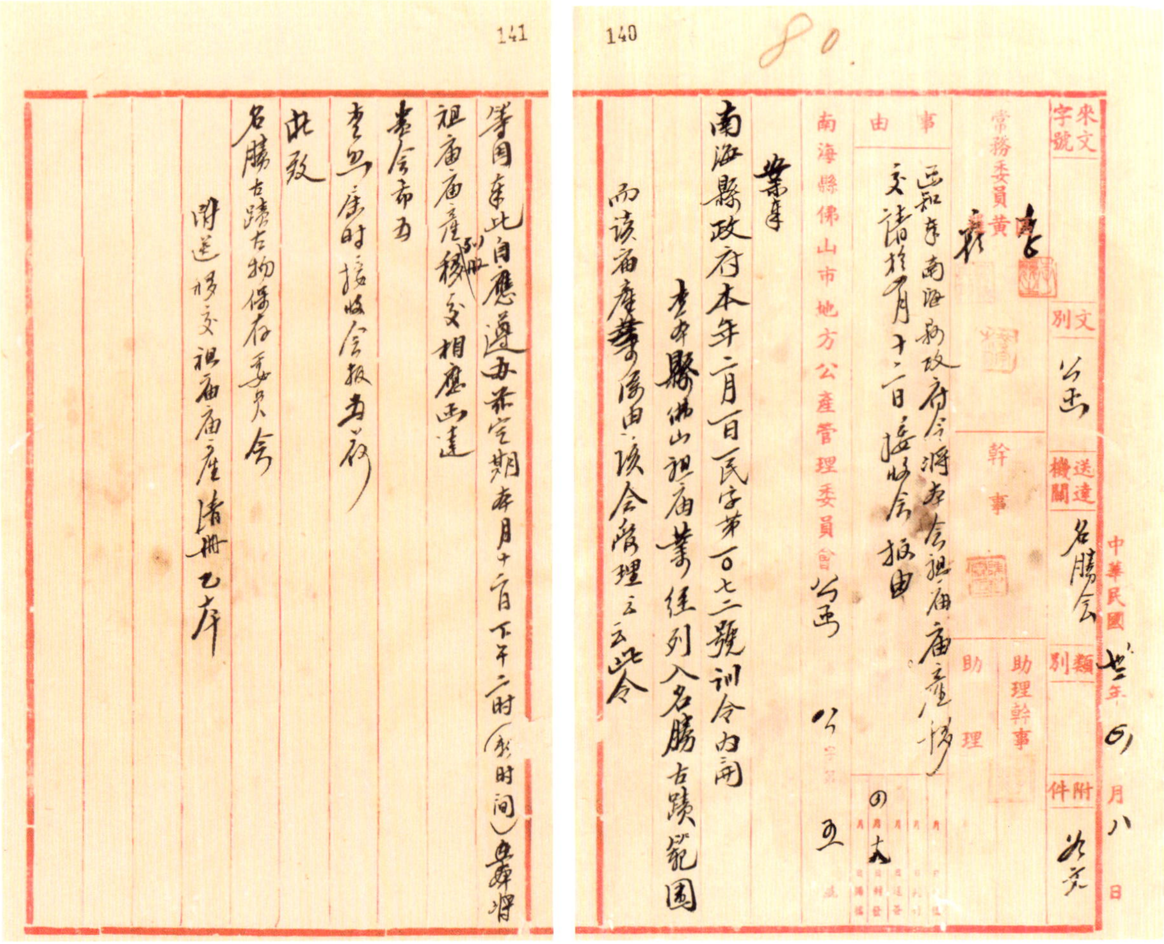
140

80

来文字号

文别　公函

送达机关　名勝會

类别

附件　如文

中華民國卅二年四月八日

常務委員　黃

幹事

助理

助理幹事

事由：函知奉南海縣政府令將本會祖廟廟產移交，請於本月十二日派員會接由

南海縣佛山市地方公產管理委員會公函　公字第　號

案奉

南海縣政府本年二月日民字第百七二號訓令內開：

查本縣佛山祖廟業經列入名勝古蹟範圍，

而該廟產業應由該會管理，云云，此令。

141

等因。奉此，自應遵辦。茲定期本月十二日下午二時（新时间）由本會將

祖廟廟產列冊移交，相應函達

貴會查照，

查照屆時接收，會報為荷。

此致

名勝古蹟古物保存委員會

附送移交祖廟廟產清冊乙本

中华民国三十二年四月八日

文别：公函　送达机关：名胜会　附件：如文

事由：函知奉南海县政府令将本会祖庙庙产移交，请于四月十二日接收会报由。

四月十八日封发

南海县佛山市地方公产管理委员会公函

公字第五号

案奉

南海县政府本年二月一日一民字第一〇七二号训令内开

查本县佛山祖庙业经列入名胜古迹范围，而该庙产业系由该会管理云云，此令，等因奉此，自应遵办，兹定期本月十二日下午二时（新时间）将祖庙庙产列册移交，相应函达贵会，希为查照，届时接收会报为荷。

此致

名胜古迹古物保存委员会

附送移交祖庙庙产清册乙本

公函［函送祖庙产业铺屋田亩表请查照］

南海县名胜古迹古物保存委员会

1943年6月1日

佛山市南海区档案馆藏

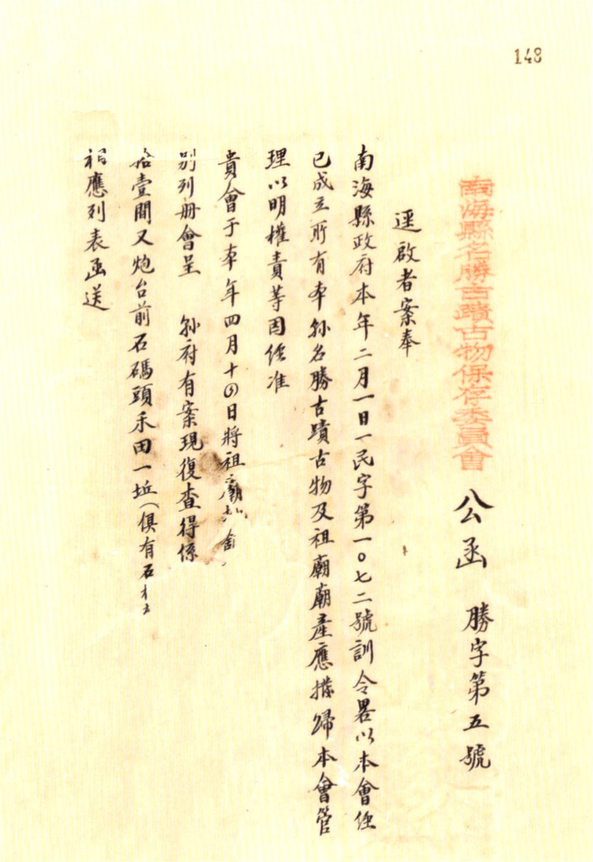
148

南海縣名勝古蹟古物保存委員會 公函 勝字第五號

逕啟者案奉

南海縣政府本年二月一日一民字第一〇七二號訓令略以本會經

已成立所有本縣名勝古蹟古物及祖廟廟產應撥歸本會管

理以明權責等因經准

貴會于本年四月十〇日將祖廟……

別列册會呈　外尚有案現復查得係

□壹間又炮台前石碼頭禾田一坵（俱有石……）

祖廟應列表函送

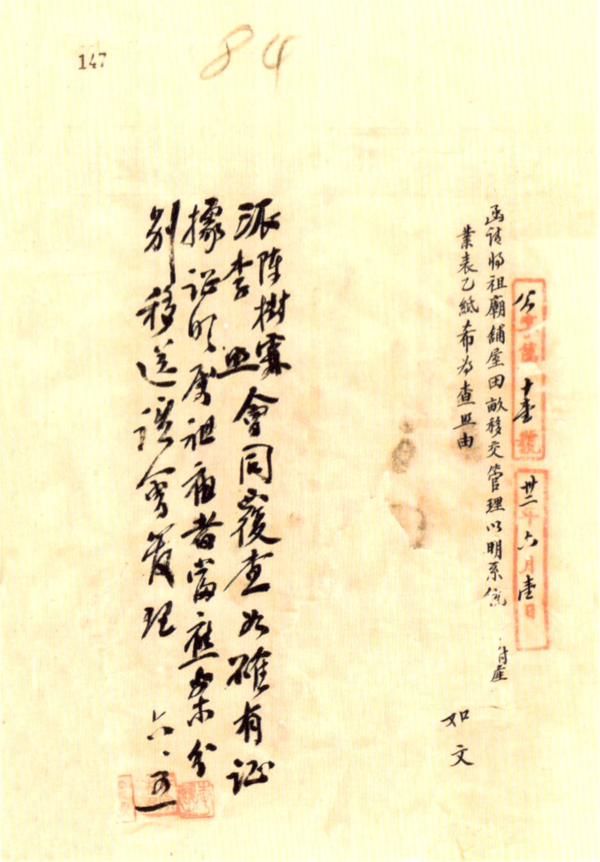
147

84

函請將祖廟鋪屋田畝移交管理以明系統

附產業表乙紙希為查照由

公字第壹號

卅二年六月壹日

如文

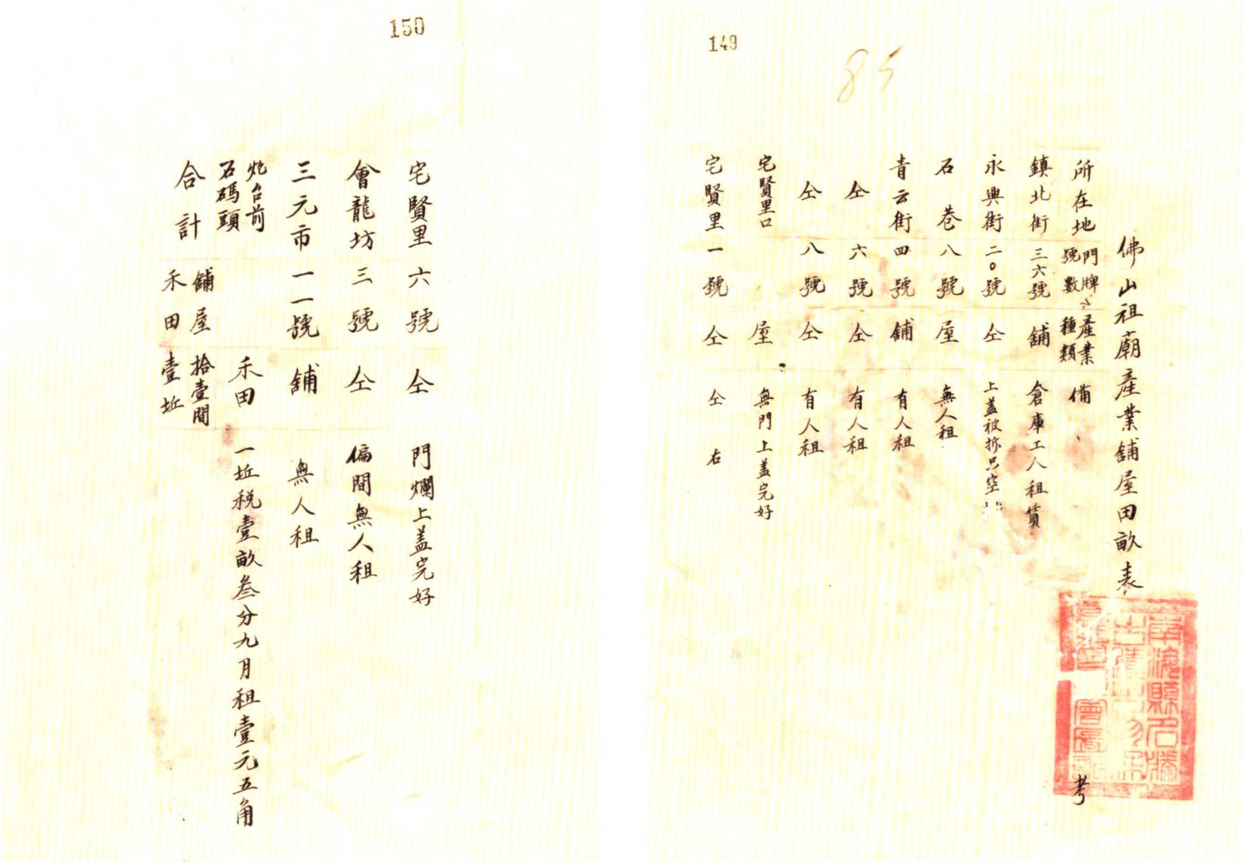

150

149

85

佛山祖廟產業鋪屋田畝表

所在地	門牌號數	產業種類	備考
鎮北街	三六號	鋪	倉庫工人租賃
永興街	二〇號	仝	上蓋被拆只空[illegible]
石巷	八號	屋	無人租
青云街	四號	鋪	有人租
仝	六號	仝	有人租
仝	八號	仝	有人租
宅賢里口		屋	無門上蓋完好
宅賢里	一號	仝	仝右
宅賢里	六號	仝	門爛上蓋完好
會龍坊	三號	仝	偏間無人租
三元市	一一號	鋪	無人租
炮台前石碼頭		禾田	一坵稅壹畝叁分九月租壹元五角
合計	鋪屋	拾壹間	
	禾田	壹坵	

考

公字第十壹号　三十二年六月壹日

函请将祖庙铺屋田亩移交管理以明系统

附产业表乙纸希为查照由　如文

派陈树霖、李照会同覆查，如确有证据证明属祖庙者，当应案分别移送该会管理。

六·初一

南海县名胜古迹古物保存委员会公函

胜字第五号

迳启者，案奉南海县政府本年二月一日一民字第一〇七二号训令，略以本会经已成立，所有本县名胜古迹古物及祖庙庙产，应拨归本会管理，以明权责等因。经准贵会于本年四月十四日将祖庙地铺□□□□□□□□□□别列册会呈县府，有案。现复查得系□□□□□□□□□□拾壹间又炮台前石码头禾田一丘（俱有石□□）□□□□□□祠应列表函送。

佛山祖庙产业铺屋田亩表

所在地	门牌号数	产业种类	备考
镇北街	三六号	铺	仓库工人租赁
永兴街	二〇号	仝	上盖被拆，只空地
石巷	八号	屋	无人租
青云街	四号	铺	有人租
仝	六号	仝	有人租
仝	八号	仝	有人租
宅贤里口		屋	无门，上盖完好
宅贤里	一号	仝	仝右（上）
宅贤里	六号	仝	门烂，上盖完好
会龙坊	三号	仝	偏间，无人租
三元市	一一号	铺	无人租
炮台前石码头		禾田	一丘，税壹亩叁分九，月租壹元五角
合计		铺屋　拾壹间 禾田　壹丘	

签呈［查得祖庙产业铺屋等情形请察核］

南海县佛山市地方公产管理委员会

1943年6月10日

佛山市南海区档案馆藏

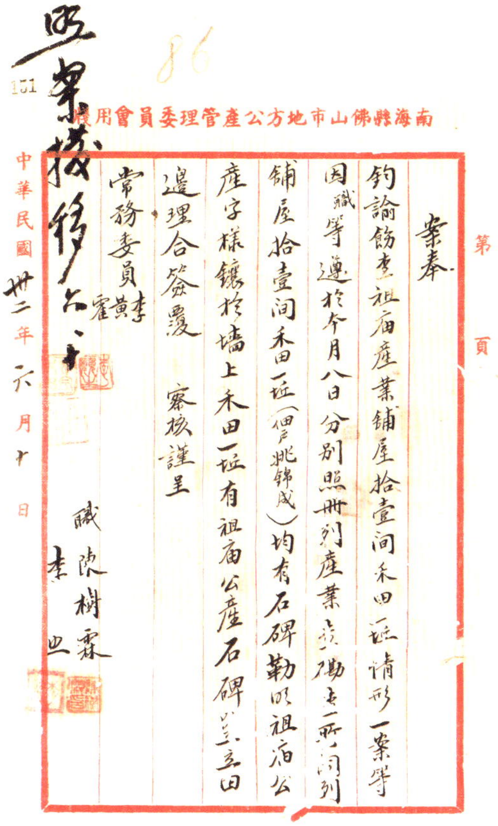
86
151
南海縣佛山市地方公產管理委員會用牋
第　頁
案奉
鈞諭飭查祖廟產業鋪屋拾壹間禾田一坵情形一案等
因職等遵於本月八日分別照册列產業查碼查所開列
鋪屋拾壹間禾田一坵（佃户姚錦成）均有石碑勒明祖廟公
產字樣鑲於墻上禾田一坵有祖廟公產石碑竪立田
邊理合簽覆　察核謹呈
常務委員李黃霍
職　陳樹霖　李照
中華民國卅二年六月十日
照案撥移　六、十

案奉钧谕，饬查祖庙产业铺屋拾壹间、禾田一丘情形一案等因。职等遵于本月八日分别照册列产业查磡，查所开列铺屋拾壹间、禾田一丘（佃户姚锦成），均有石碑勒明祖庙公产字样，镶于墙上。禾田一丘有祖庙公产石碑竖立田边。理合签覆察核，谨呈常务委员李、黄、霍。

职　陈树霖、李照

中华民国三十二年六月十日

批文：照案拨移。（六·十）

佛山祖庙产业铺屋田亩移交清表

南海县佛山市地方公产管理委员会

1943年6月11日

佛山市南海区档案馆藏

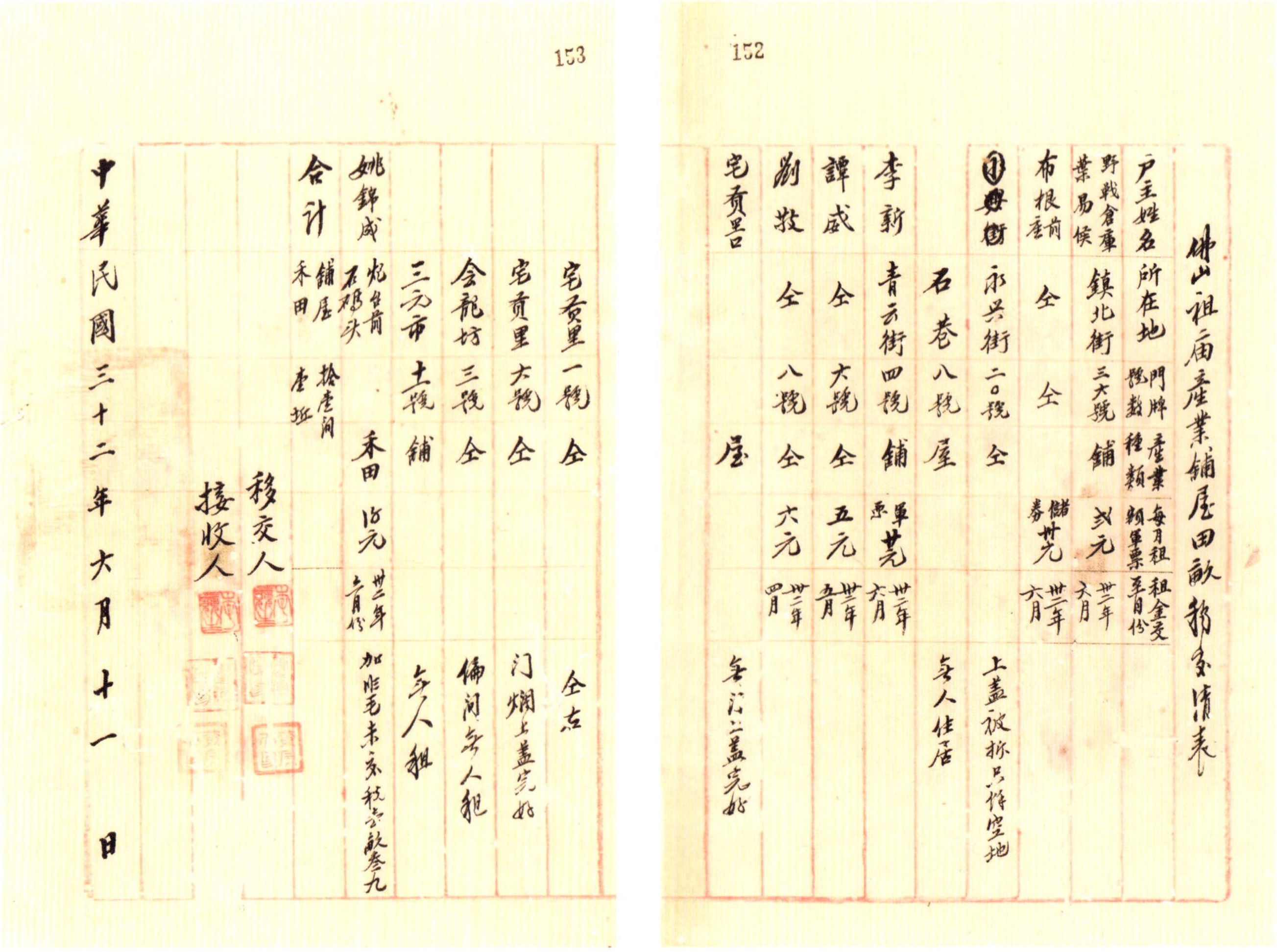
152

佛山祖庙產業鋪屋田畝移交清表

户主姓名	所在地	門牌號數	產業種類	每月租額單票	租金交至月份	
野戰倉庫業易候	鎮北街	三六號	鋪	弍元	卅二年六月	
布根垄前	仝	仝		儲券卅元	卅二年六月	
固安街	永興街	二〇號	仝			上蓋被拆只存空地
	石巷	八號	屋			無人住居
李新	青云街	四號	鋪	單票廿元	卅二年六月	
譚威	仝	六號	仝	五元	卅二年五月	
劉牧	仝	八號	仝	六元	卅二年四月	
宅貢里口			屋			無瓦上蓋完好

153

	宅貢里	一號	仝			仝右
	宅貢里	六號	仝			门樹上蓋完好
	会龍坊	三號	仝			偏間無人租
	三元市	十一號	鋪			無人租
姚錦成	炮台前石碼头		禾田	16元	卅二年六月份	加非毛未交秋分畝叁九
合計	鋪屋 拾叁間 禾田 叁坵					

移交人
接收人

中華民國三十二年六月十一日

公函［函请移交祖庙产业届时接收］

南海县名胜古迹古物保存委员会

1943年6月11日

佛山市南海区档案馆藏

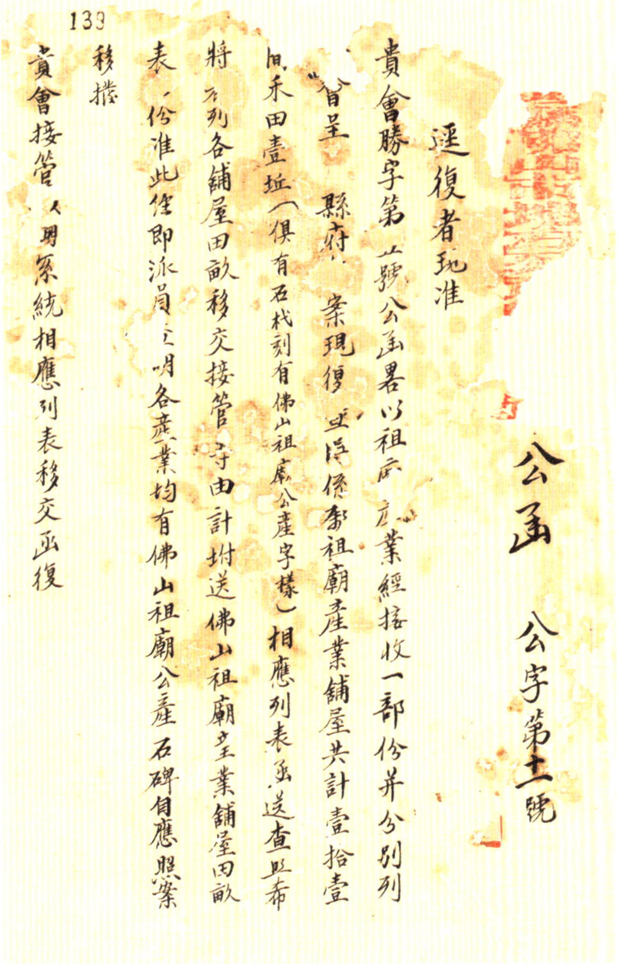
133

公函　公字第十一號

逕復者現准

貴會勝字第十一號公函略以祖廟產業經接收一部份并分別列

冒呈　縣府　案現復　查得係屬祖廟產業鋪屋共計壹拾壹

間禾田壹坵（俱有石枕刻有佛山祖廟公產字樣）相應列表函送查照希

將　右列各鋪屋田畝移交接管等由計附送佛山祖廟產業鋪屋田畝

表一份准此經即派員查明各產業均有佛山祖廟公產石碑自應照案

移撥

貴會接管　用察統相應列表移交函復

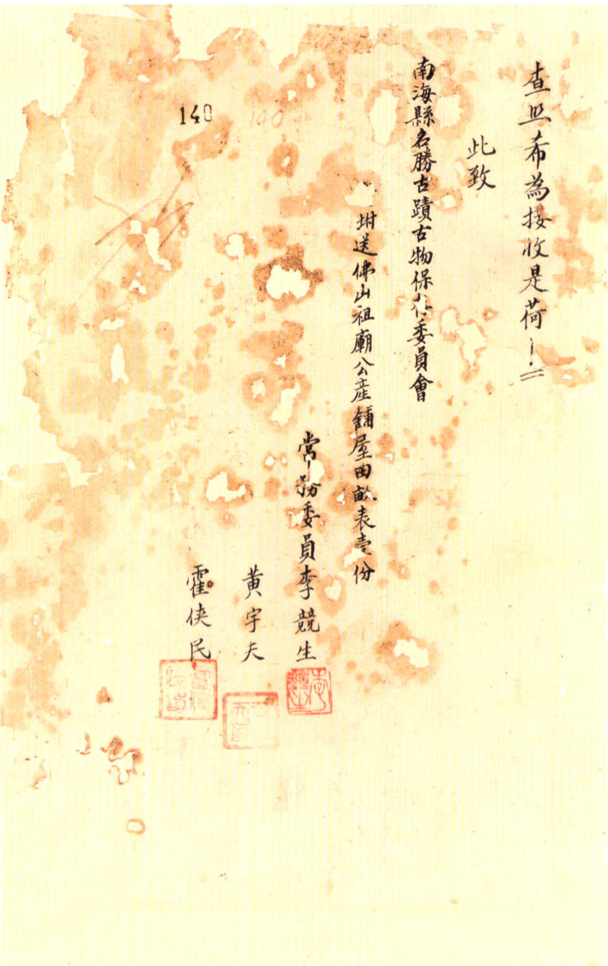
140

查照希為接收是荷！

此致

南海縣名勝古蹟古物保存委員會

附送佛山祖廟公產鋪屋田畝表壹份

常務委員李競生

黃宇夫

霍俠民

公函

公字第十一号

迳复者，现准贵会胜字第五号公函略以祖庙产业经接收一部分，并分别列□会呈县府□案，现复查得系属祖庙产业铺屋，共计壹拾壹间，禾田壹丘（俱有石杙刻有佛山祖庙公产字样），相应列表函送查照，希将在列各铺屋田亩移交接管等由，计附送佛山祖庙产业铺屋田亩表□份，准此经即派员查明，各产业均有佛山祖庙公产石碑，自应照案移拨贵会接管，以明系统，相应列表移交函复查照，希为接收是荷！

此致

南海县名胜古迹古物保存委员会

□附送佛山祖庙公产铺屋田亩表壹份

常务委员李竞生、黄宇夫、霍侠民

南海县佛山市地方公产管理委员会接管祖庙庙产移交清册

南海县佛山市地方公产管理委员会

1943年6月16日

佛山市南海区档案馆藏

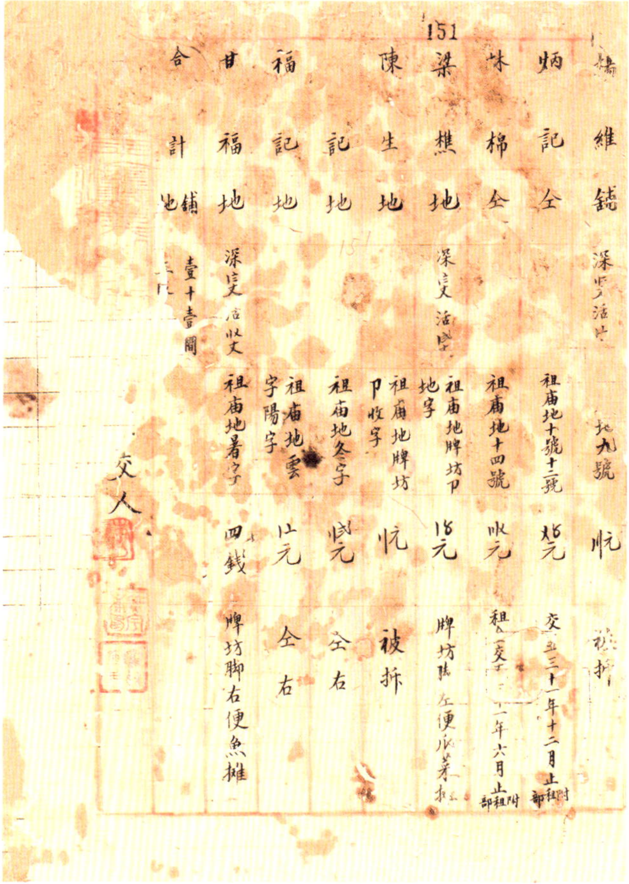

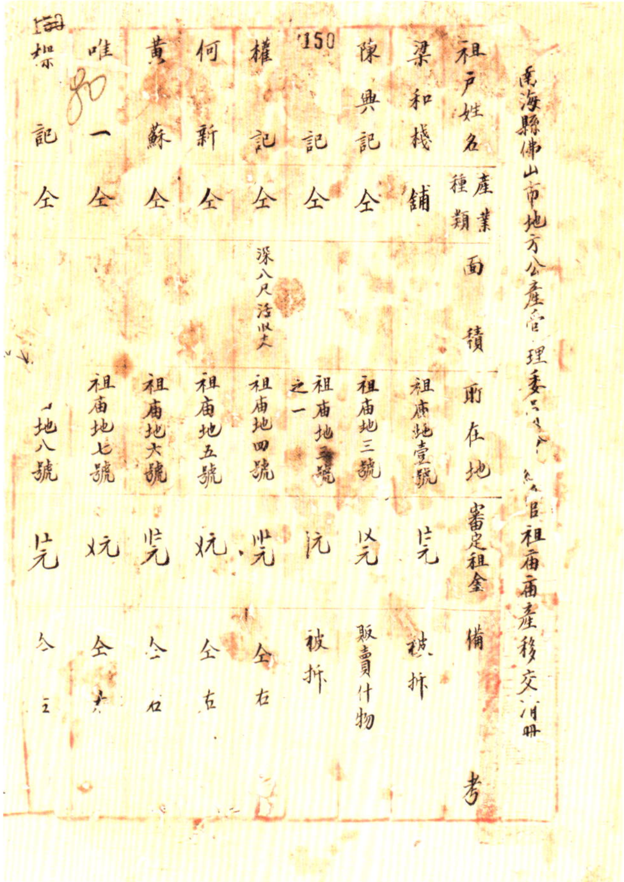

三 祖庙开投司祝记录

南海县财政整理委员会开投灵应祠（即祖庙）司祝纪录册

南海县财政整理委员会

1945年12月28日

佛山市南海区档案馆藏

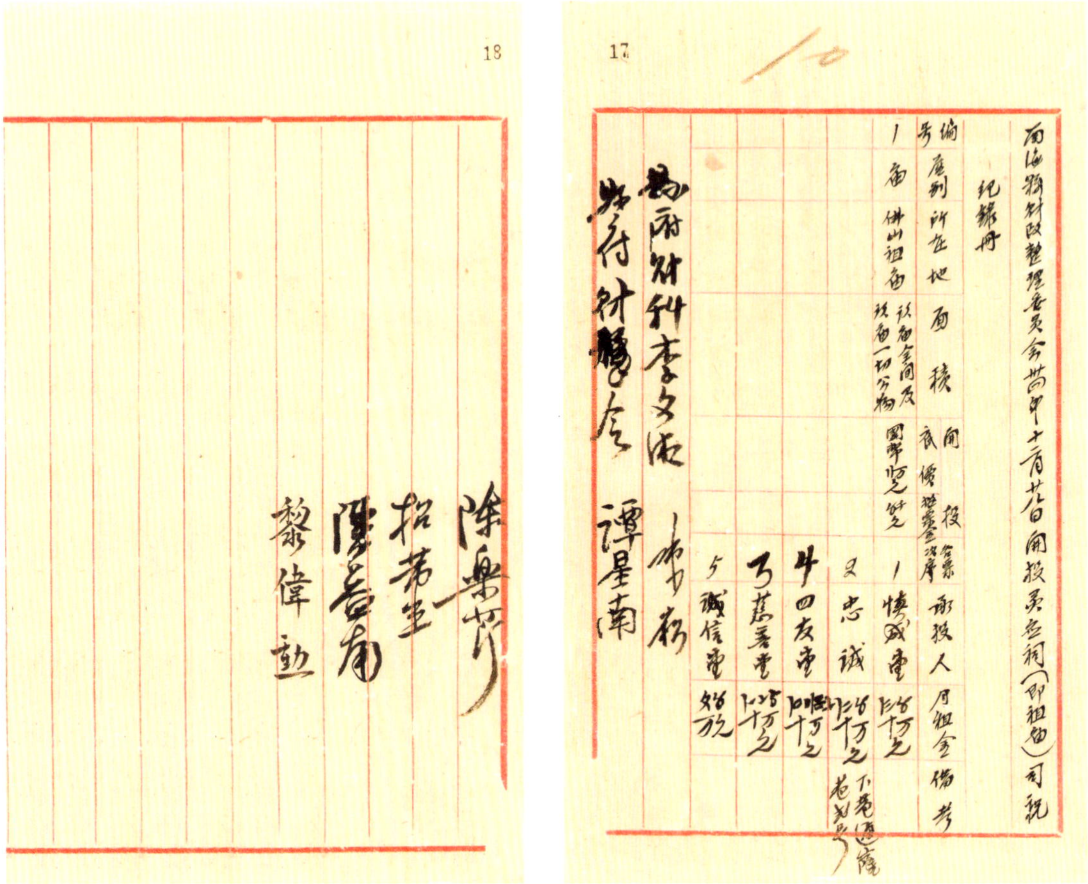

呈［呈缴开投祖庙司祝纪录册请备案］

南海县财政整理委员会

1945年12月31日

佛山市南海区档案馆藏

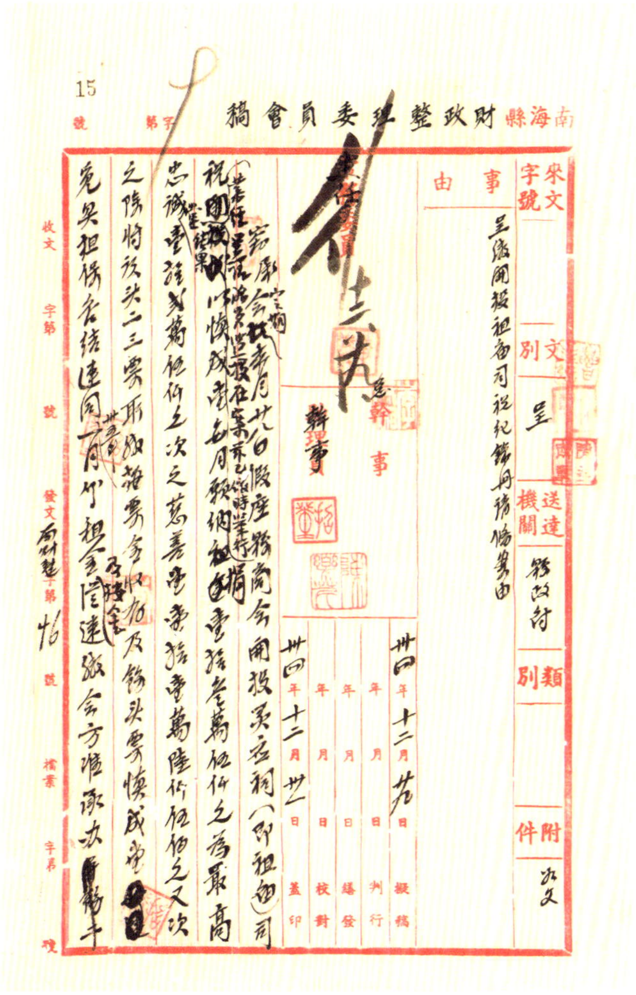

15

南海縣財政整理委員會稿　　字第　　號

來文字號

文別　呈

送達機關

類別

附件

事由　呈繳開投祖廟司祝紀錄冊請備案由

辦事

卅四年十二月廿九日　擬稿

年　月　日　判行

年　月　日　繕發

年　月　日　校對

卅四年十二月卅一日　蓋印

收文　字第　號

發文　字第　號

檔案　字第　號

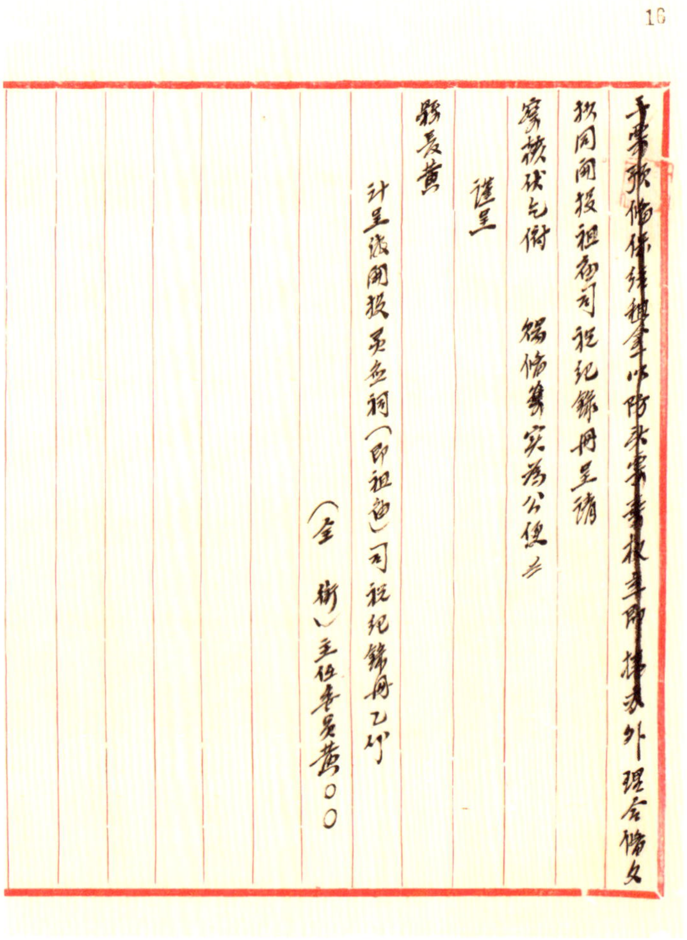
16
[illegible]外理合备文
抄同开投祖庙司祝纪录册呈请
察核伏乞俯　赐备察实为公便
谨呈
县长黄
计呈缴开投灵应祠（即祖庙）司祝纪录册乙份
（全　衔）主任委员黄○○

南海县财政整理委员会稿　发文南财整字第46号

文别：呈　送达机关：县政府　附件：如文

事由：呈缴开投祖庙司祝纪录册请备案由

三十四年十二月廿九日拟稿　三十四年十二月三十一日盖印

窃属会定期本月廿八日假座县商会开投灵应祠（即祖庙）司祝，业经呈请派员监投在案，兹已依时举行，结果以慎成堂每月愿纳捐壹拾叁万伍仟元为最高，忠诚堂壹拾贰万伍仟元次之，慈善堂壹拾壹万陆仟伍佰元又次之，除将该头二三票所缴按票金收存及饬头票慎成堂觅具担保店结，连同卅五年一月份租金及按金从速缴会，方准承办外，理合备文抄同开投祖庙司祝纪录册呈请察核，伏乞俯赐备察，实为公便。

谨呈县长黄。

计呈缴开投灵应祠（即祖庙）司祝记录册乙份

（全衔）主任委员黄□□

签呈［祖庙租金由财政管理委员会接收并作经费］

财政科

1946年12月6日

佛山市南海区档案馆藏

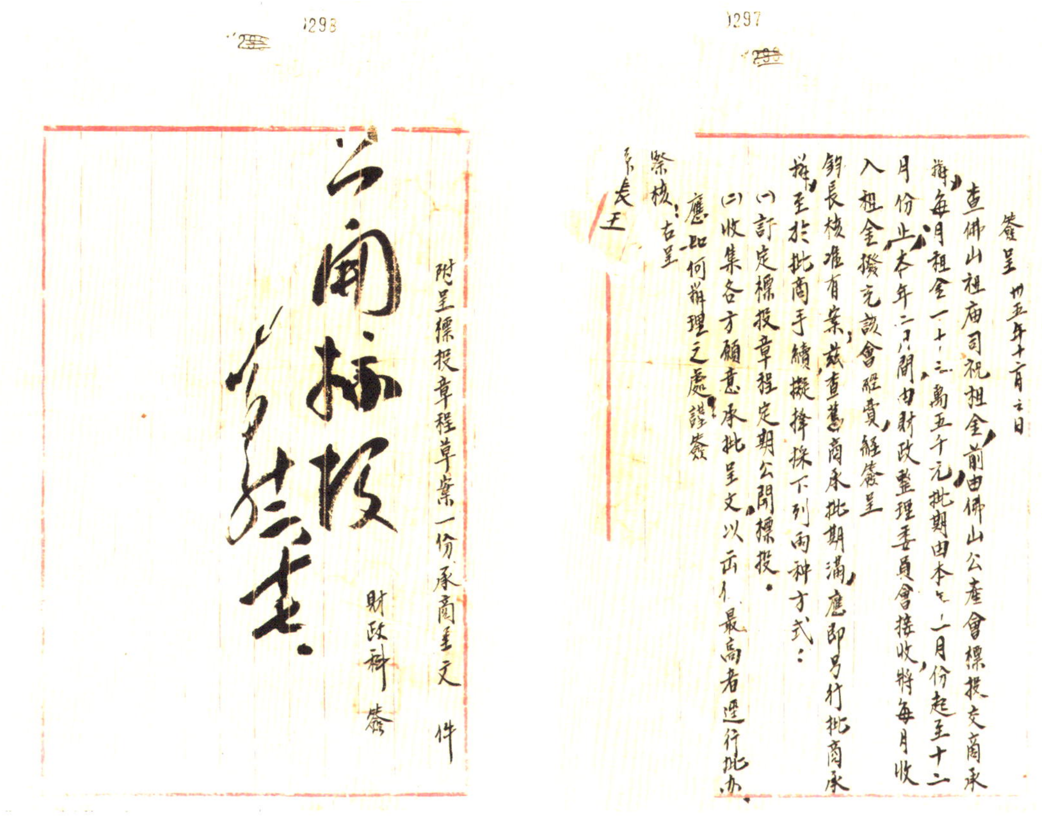
签呈 卅五年十二月六日

查佛山祖庙司祝租金前由佛山公产会标投交商承办，每月租金一十二万五千元，批期由本年一月份起至十二月份止。本年二月间由财政整理委员会接收，将每月收入租金拨充该会经费，经签呈

钧长核准有案。兹查旧商承批期满，应即另行批商承办，至于批商手续拟择採下列两种方式：

(一)订定标投章程定期公开标投。

(二)收集各方愿意承批呈文以出价最高者选行批办。

应如何办理之处，谨签

察核。右呈

区长王

附呈标投章程草案一份、承商呈文 件

财政科 签

公开标投

签呈

三十五年十二月六日

查佛山祖庙司祝租金，前由佛山公产会标投交商承办，每月租金一十三万五千元，批期由本年一月份起至十二月份止，本年二月间由财政整理委员会接收，将每月收入租金拨充该会经费，经签呈钧长核准有案，兹查旧商承批期满，应即另行批商承办，至于批商手续，拟择采下列两种方式：

（一）订定标投章程，定期公开标投；

（二）收集各方愿意承批呈文，以示价最高者迳行批办。

应如何办理之处，谨签察核，右呈县长王。

附呈标投章程草案一份承商呈文件

财政科　签

批文：公开标投　（十二·十七）

南海县公产管理委员会祖庙租标投章程

南海县公有款产管理委员会

1946年12月6日

佛山市南海区档案馆藏

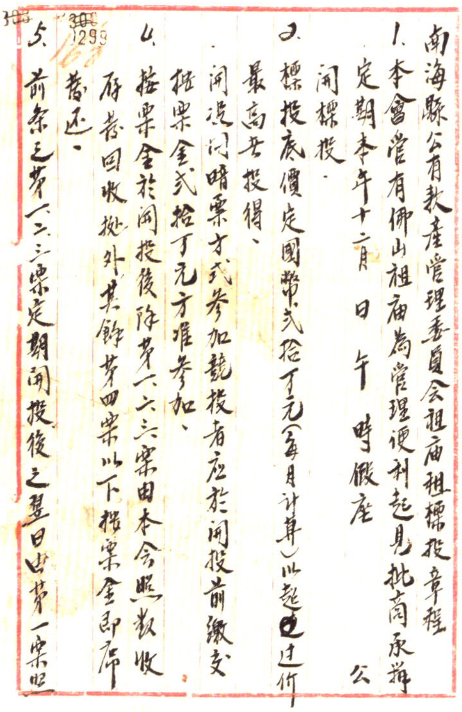
南海縣公有款產管理委員会祖庙租標投章程
1. 本會管有佛山祖庙為管理便利起見批商承辦公
定期本年十二月 日 午 時假座
開標投。
2. 標投底價定國幣弍拾萬元(每月計算)以超過者
最高者投得。
3. 開投時暗票方式參加競投者應於開投前繳交
按票金弍拾萬元方准參加。
4. 按票金於開投後除第一、二、三票由本会照數收
存外其餘第四票以下按票金即席
發還。
5. 前条之第一二三票定期開投後之翌日由第一票照

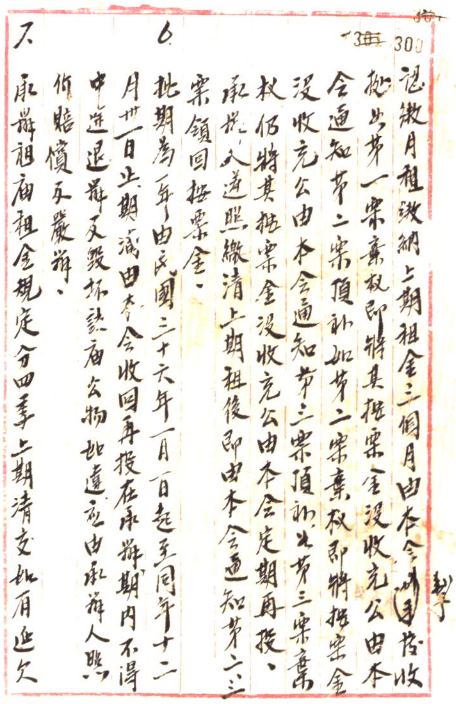
認繳月租欵網上期租金三個月由本会收
批出第一票棄權即將其按票金沒收充公由本
会通知第二票頂補如第二票棄權即將按票金
沒收充公由本会通知第三票頂補如第三票棄
權仍將其按票金沒收充公由本会定期再投。
承批人逾照繳清上期租後即由本会通知第二、三
票領回按票金。
6. 批期為一年由民國三十六年一月一日起至同年十二
月卅一日止期滿由本会收回再投在承辦期內不得
中途退辦及毀壞該庙公物如違應由承辦人照
價賠償及嚴辦。
7. 承辦祖庙租金規定分四季上期清交如有延欠

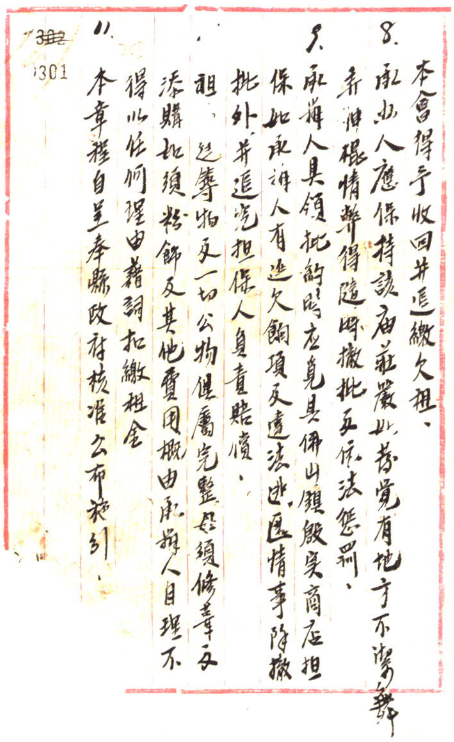
本會得予收回並追繳欠租、
8. 承批人應保持該庙莊嚴如發覺有地方不潔
亦准根情弊得隨時撤批及依法懲罰、
9. 承辦人具領批約時應覓具佛山殷實商店担
保如承辦人有延欠餉項及違法逃匿情事除撤
批外並追究担保人負責賠償、
10. 祖庙建築物及一切公物值屬完整毋須修葺及
添購批須粉飾及其他費用概由承辦人自理不
得以任何理由藉詞扣繳租金
11. 本章程自呈奉縣政府核准公布施行、

南海县公有款产管理委员会祖庙租标投章程

1. 本会管有佛山祖庙，为管理便利起见，批商承办，定期本年十二月□日午时假座公开标投。

2. 标投底价定国币贰拾万元（每月计算）以起，过价最高者投得。

3. 开投用暗票方式，参加竞投者，应于开投前缴交按票金贰拾万元方准参加。

4. 按票金于开投后除第一、二、三票由本会照数收存，发回收据外，其余第四票以下按票金即席发还。

5. 前条之第一、二、三票定期开投后之翌日由第一票照认缴月租，缴纳上期租金三个月，由本会掣发收据。如第一票弃权，即将其按票金没收充公，由本会通知第二票顶补，如第二票弃权，即将按票金没收充公，由本会通知第三票顶补。如第三票弃权，仍将其按票金没收充公，由本会定期再投。

承办人遵照缴清上期租后即由本会通知第二、三票领回按票金。

6. 批期为一年，由民国三十六年一月一日起至同年十二月卅一日止，期满由本会收回再投，在承办期内不得中途退办及毁坏该庙公物，如违应由承办人照价赔偿及严办。

7. 承办祖庙租金规定分四季上期清交，如有延欠，本会得予收回并追缴欠租。

8. 承办人应保持该庙庄严，如发觉有地方不洁、舞弄神棍情弊，得随时撤批及依法惩罚。

9. 承办人具领批约时，应觅具佛山镇殷实商店担保，如承办人有过欠饷项及违法逃匿情事，除撤批外，并追究担保人负责赔偿。

10. 祖庙建筑物及一切公物俱属完整，毋须修葺及添购，如须粉饰及其他费用，概由承办人自理，不得以任何理由藉词扣缴租金。

11. 本章程自呈奉县政府核准公布施行。

四 祖庙庙租和田赋情形

呈［祖庙司祝营业萎缩，请求减半收纳庙租］

祖庙司祝林雄伟

1949年6月27日

佛山市南海区档案馆藏

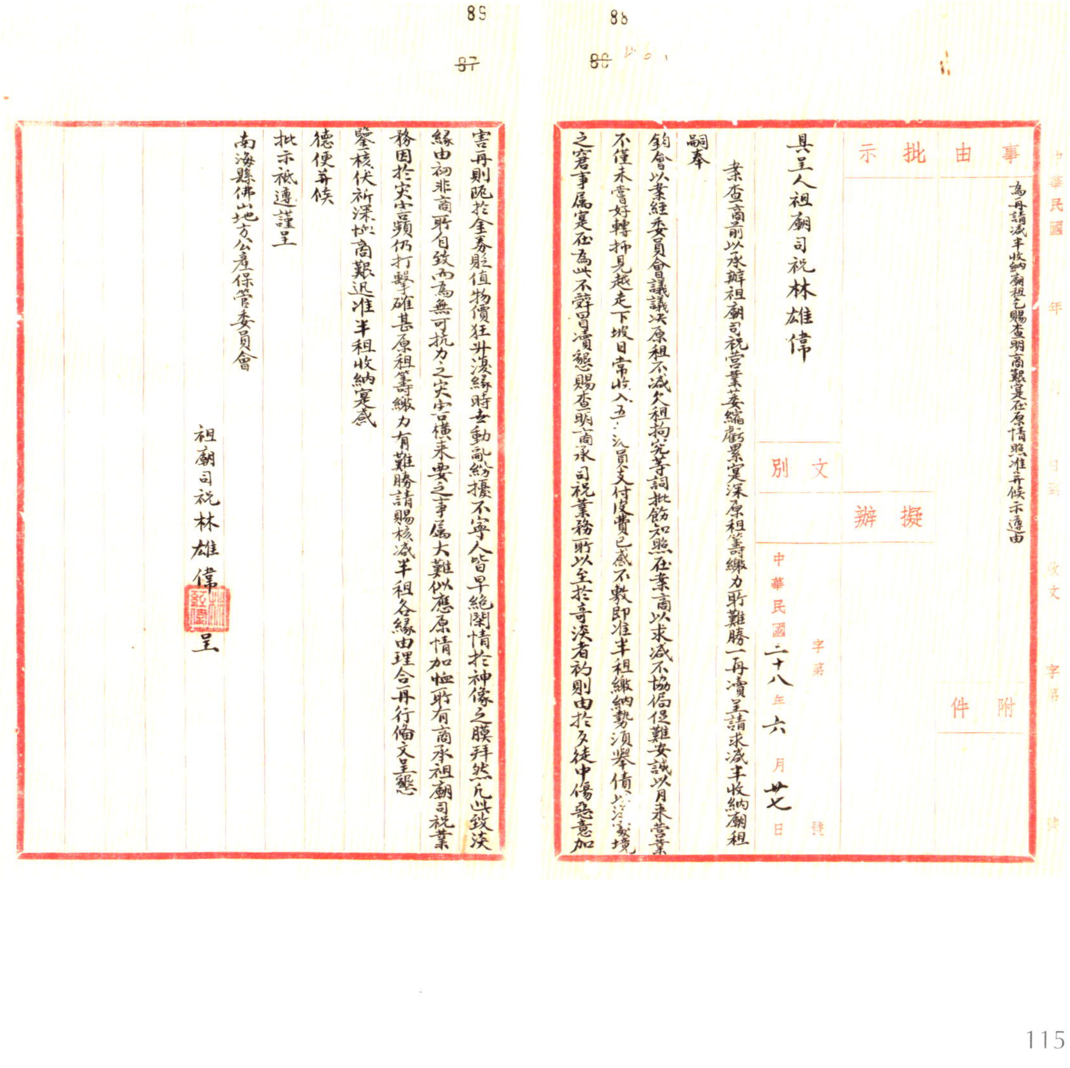
事由：為再請減半收納廟租乞賜查明商艱寔在原情照准并候示遵由

具呈人祖廟司祝林雄偉

中華民國三十八年六月廿七日

案查商前以承辦祖廟司祝營業萎縮虧累寔深原租籌繳力所難勝一再瀆呈請求減半收納廟租

鈞會以業經委員會議議決原租不減欠租拘究等詞批飭知照在案商以求減不協倍促難安誠以月來營業不僅未嘗好轉抑見越走下坡日常收入五六員支付皮費已感不敷即准半租繳納勢須舉債以渡窘境之窘事屬寔在為此不辭冒瀆懇賜查明商承司祝業務所以至於奇淡者初則由於久徒中傷惡意加害再則既於金券貶值物價狂升復緣時世動亂紛擾不寧人皆早絕閑情於神像之膜拜然凡此致淡緣由初非商所自致而為無可抗力之突害橫來要之事屬大難似應原情加恤所有商承祖廟司祝業務因於突害頻仍打擊確甚原租籌繳力有難勝請賜核減半租各緣由理合再行備文呈懇

鑒核伏祈深憫商艱迅准半租收納寔感

德便并候

批示祇遵謹呈

南海縣佛山地方公產保管委員會

祖廟司祝林雄偉呈

事由：为再请减半收纳庙租乞赐查明商艰实在原情照准并候示遵由

具呈人：祖庙司祝林雄伟

中华民国三十八年六月廿七日

案查商前以承办祖庙司祝，营业萎缩，亏累实深，原租筹缴力所难胜，一再渎呈，请求减半收纳庙租。

嗣奉钧会以案经委员会议议决，原租不减、欠租拘究等词批饬知照在案，商以求减不协，局促难安。诚以月来营业不仅未尝好转，抑见越走下坡，日常收入五□□员，支付皮费已感不敷，即准半租缴纳，势须举债。以滋处境之窘，事属实在。为此不辞冒渎，恳赐查明。商承司祝业务，所以至于奇淡者，初则由于歹徒中伤，恶意加害，再则厄于金券贬值，物价狂升，复缘时世动乱，纷扰不宁，人皆早绝闲情于神像之膜拜，然凡此致淡缘由，初非商所自致，而为无可抗力之灾害横来。要之事属大难，似应原情加恤，所有商承祖庙司祝业务，因于灾害频仍，打击确甚，原租筹缴力有难胜，请赐核减半租各缘由。理合再行备文，呈恳鉴核。伏祈深恤商艰，迅准半租收纳，实感德便。并候批示祗遵。谨呈南海县佛山地方公产保管委员会。

祖庙司祝林雄伟　呈

呈［呈报祖庙租耕田收益情形］

江宽

1944年8月31日

佛山市南海区档案馆藏

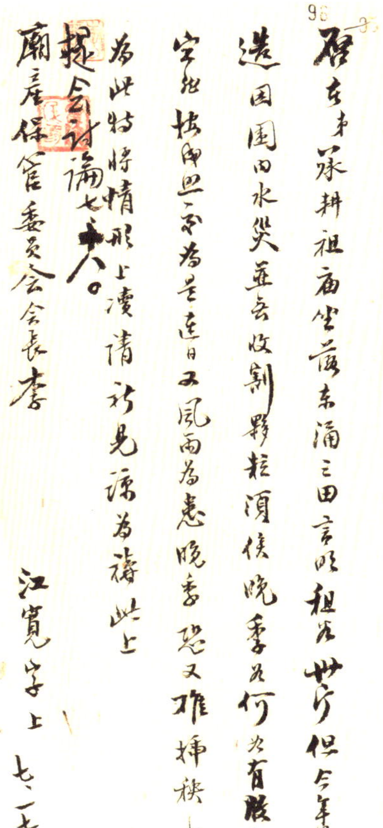

启者：弟承耕祖庙坐落东涌之田，言明租谷卅斤，但今年早造困围内水灾，并无收割颗粒，须俟晚季如何？如有收成，定然按成照交为是，连日又风雨为患，晚季恐又难插秧也。

为此，特将情形上渎，请祈见谅，为祷。此上庙产保管委员会会长李。

江宽字上

七·一七

批文：提会讨论。（七、十八）

训令［令将祖庙庙租收入拨归中心国民学校］

南海县政府

1947年1月4日

佛山市南海区档案馆藏

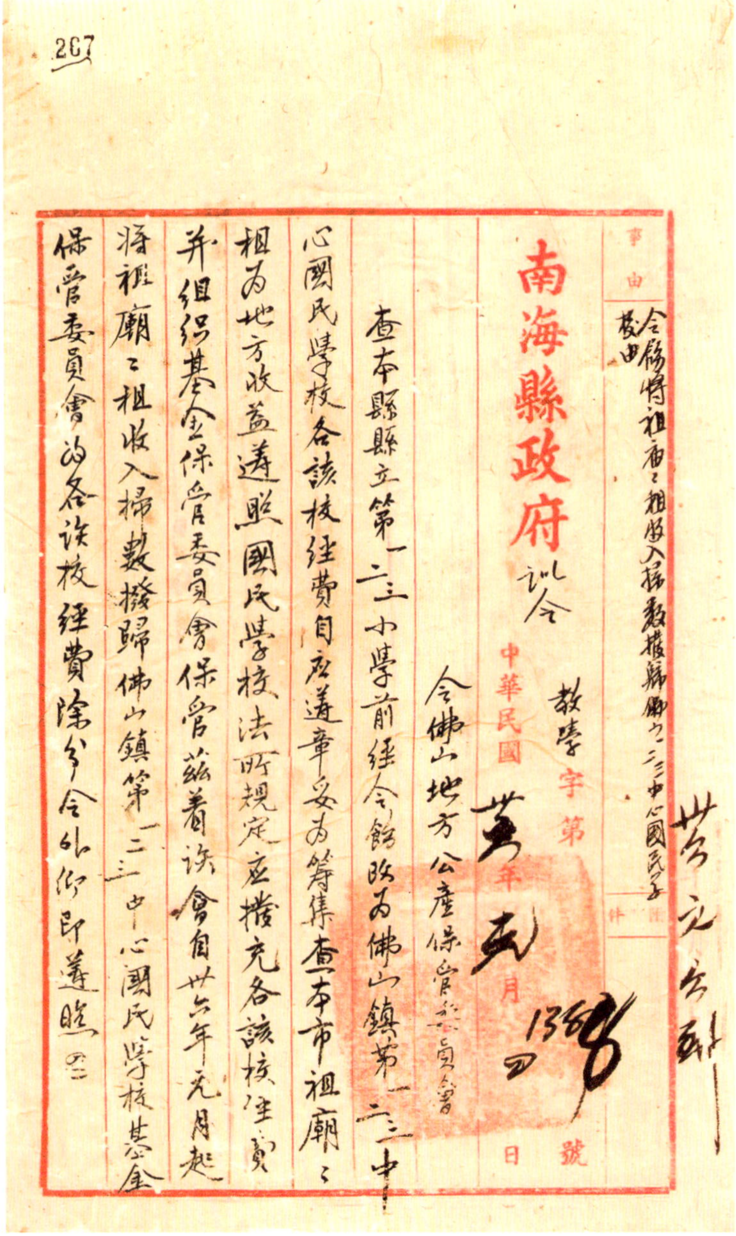

287

事由：令飭將祖廟之租收入撥歸佛山一二三中心國民學校

南海縣政府訓令 教學字第 號

中華民國 年 月 日

令佛山地方公產保管委員會

查本縣縣立第一二三小學前經令飭改為佛山鎮第一二三中心國民學校，各該校經費自應遵章妥為籌集。查本市祖廟之租為地方收益，遵照國民學校法所規定，應撥充各該校經費，并組織基金保管委員會保管。茲着該會自卅六年元月起，將祖廟之租收入悉數撥歸佛山鎮第一二三中心國民學校基金保管委員會為各該校經費。除分令外，仰即遵照。

208
此令
縣長
王皓明

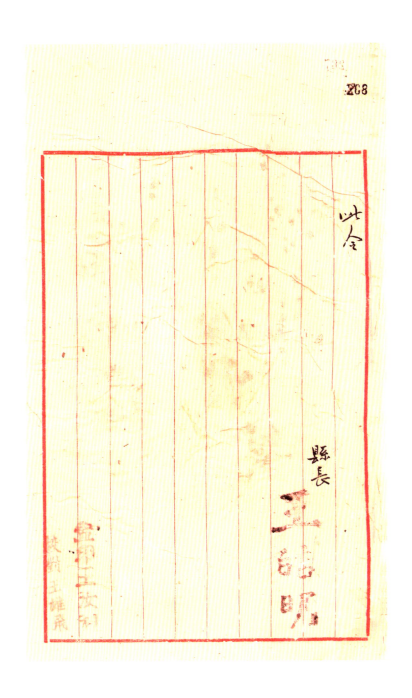

南海县政府训令　教学字第1388号　中华民国三十六年元月四日

事由：令饬将祖庙庙租收入扫数拨归佛山一、二、三中心国民学校由

令佛山地方公产保管委员会

查本县县立第一、二、三小学前经令饬改为佛山镇第一、二、三中心国民学校，各该校经费自应遵章妥为筹集。查本市祖庙庙租为地方收益，遵照国民学校法所规定，应拨充各该校经费，并组织基金保管委员会保管。兹着该会自卅六年元月起，将祖庙庙租收入扫数拨归佛山镇第一、二、三中心国民学校基金保管委员会，为各该校经费，除分令外，仰即遵照云。

此令。

县长　王皓明

盖印：王汝利　校对：王雄飞

三十六年元月六日到

令［令赴祖庙监收租］及通告［派员监收租金］

南海县佛山市地方公产管理委员会

1947年2月4日

佛山市南海区档案馆藏

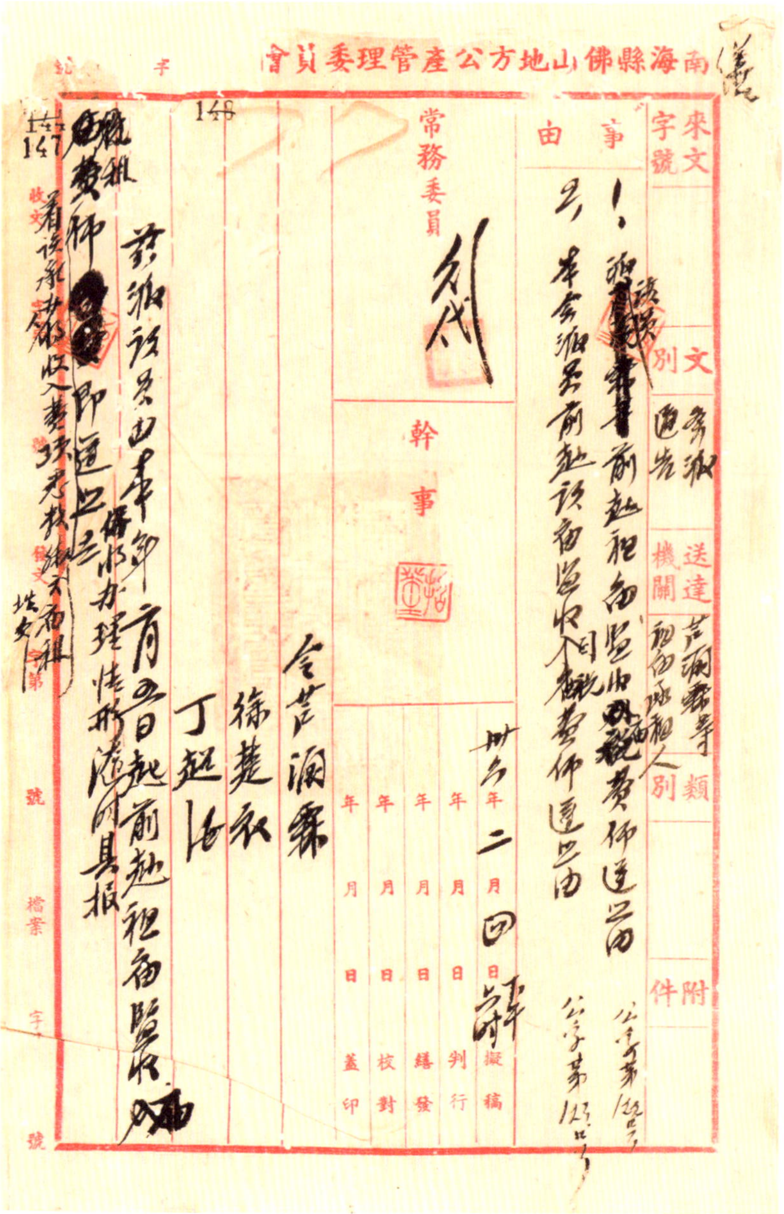

南海縣佛山地方公產管理委員會

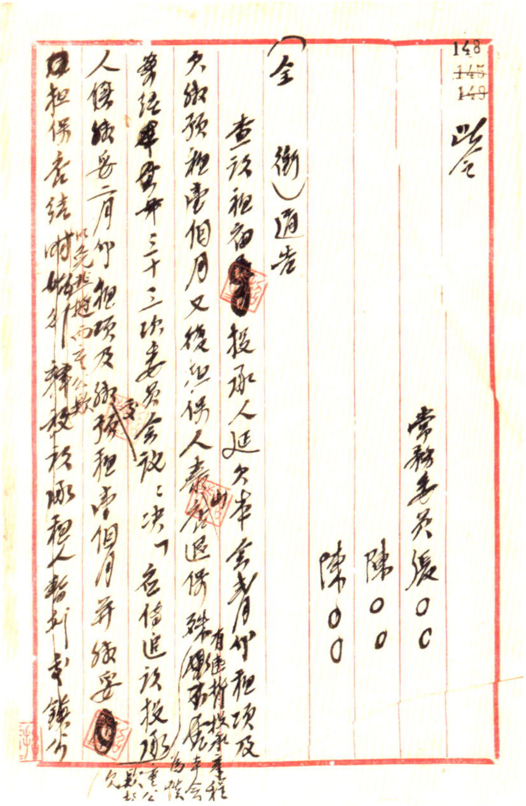

文别：条派通告 **送达机关：**芦润霖等祖庙承租人

事由：

1. 派该员前赴祖庙监收庙费仰遵照由 公字第122号

2. 本会派员前赴该庙监收司税费仰遵照由 公字第123号

三十六年二月四日下午六时拟稿

令芦润霖、徐楚衣、丁超海

兹派该员由本年二月五日起前赴祖庙监收庙租，着该承办人将收入费项悉数缴交拖欠庙租，仰即遵照云，并将办理情形随时具报。

此令。

常务委员张□□、陈□□、陈□□

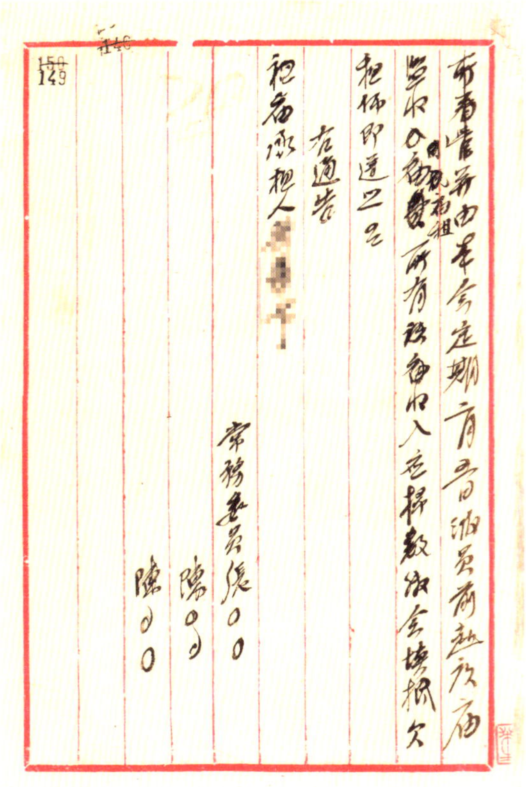

（全衔）通告

查该祖庙投承人延欠本会贰月份租项及欠缴预租壹个月，又复担保人泰山店退保，殊有违背投承章程，本会为慎重公款起见，案经三十三次委员会议议决“应传追该投承人缴妥二月份租项及缴交预租壹个月并缴妥”。担保店结，以免逃拖而充公款，并由本会定期二月五日派员前赴该庙监收庙租，所有收入应扫数缴会，填抵欠租，仰即遵照云。

右通告。

祖庙承租人□□□

常务委员张□□、陈□□、陈□□

函［函请派员查勘租值］及呈［呈请准予领租祖庙］

卢炳林、黄志诚

1947年5月30日

佛山市南海区档案馆藏

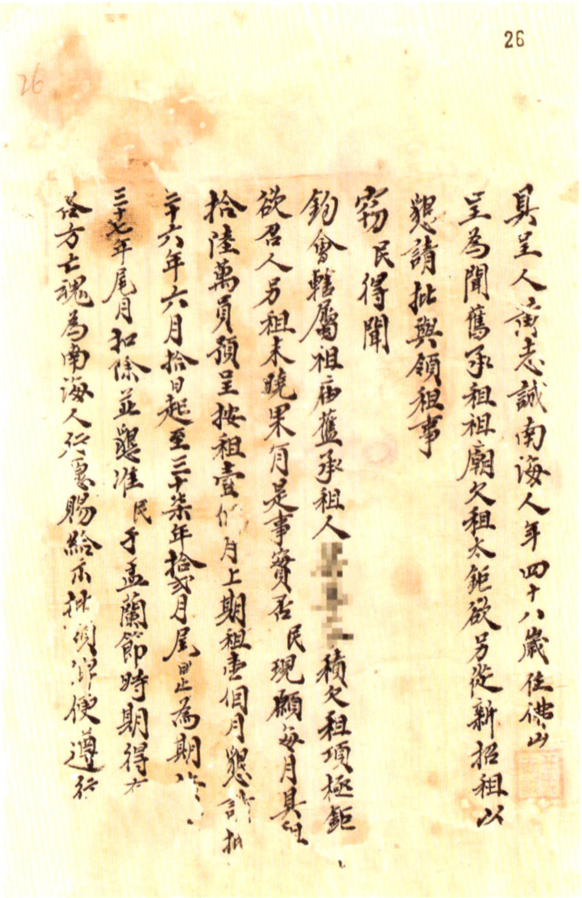

26

具呈人黄志誠南海人年四十八歲住佛山

呈為聞舊承租祖廟欠租太鉅欲另從新招租以

懇請批與領租事

竊民得聞

鈞會轄屬祖庙舊承租人[redacted]積欠租項極鉅

欲召人另租未曉果有是事實否民現願每月具租

拾陸萬員須呈按租壹个月上期租壹個月懇請批

卅六年六月拾日起至三十柒年拾貳月尾日止為期

三十七年尾月如係並懇准民于盂蘭節時期得在

該方士魂為南海人所惠賜給示[illegible]俾便遵行

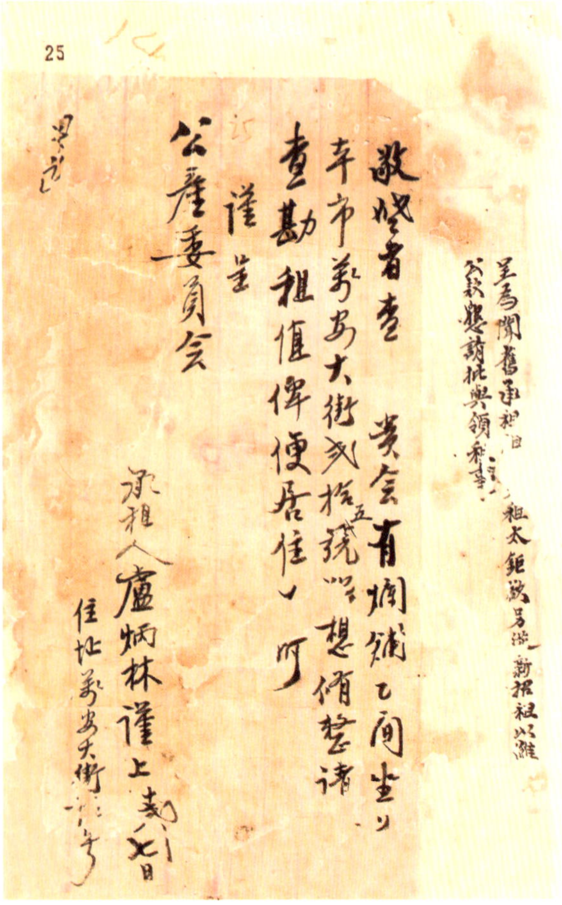

25

呈為聞舊承租祖廟欠租太鉅欲另從新招租以維公款懇請批與領租事

敬啟者查 貴会有鋪一間坐落

本市葉安大街第五號以想備[illegible]請

查勘租值俾便居住[illegible]

謹呈

公產委員会

承租人盧炳林謹上 [illegible]七日

住址葉安大街[illegible]

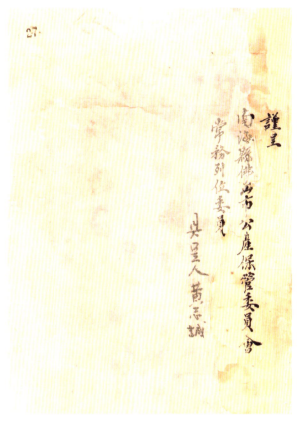

27

謹呈
南海縣佛山市公產保管委員會
常務列位委員
具呈人黃志誠

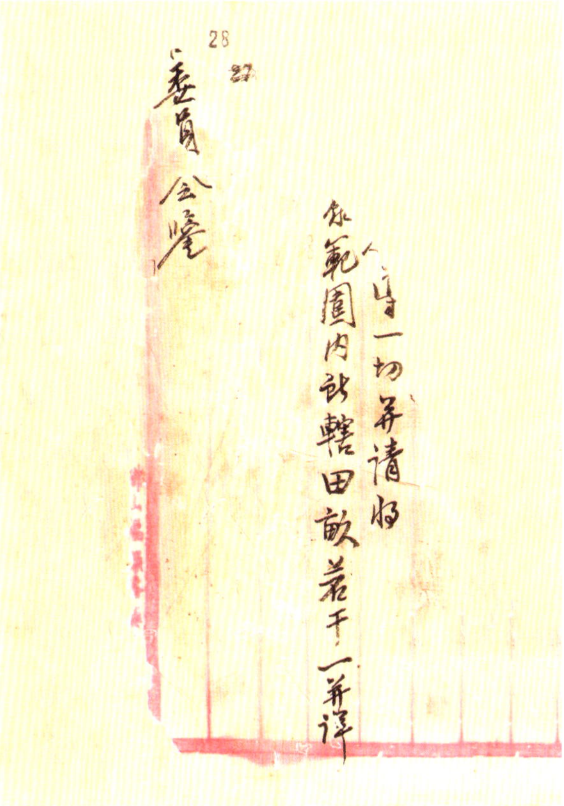

28
27
委員公鑒
查一切等請將
範圍內該轄田畝若干一并詳

呈为闻旧承租祖庙欠租太巨，欲另从新招租以维公款，恳请批与领租事。

敬启者，查贵会有烂铺乙间，坐□本市万安大街贰拾五号，□想修整请□查勘租值俾便居住□所。

谨呈公产委员会。

承租人：卢炳林谨上　十二月七日

住址：万安大街□号

具呈人黄志诚，南海人，年四十八岁，住佛山，呈为闻旧承租祖庙欠租太巨，欲另从新招租以恳请批与领租事。

窃民得闻，钧会辖属祖庙旧承租人□□□，积欠租项极巨，欲召人另租，未晓果有是事实否。民现愿每月具租拾陆万员，预呈按租壹个月，上期租壹个月，恳请批□。

三十六年六月拾日起至三十柒年拾贰月尾日止，为期□□。

三十七年尾月扣除并恳准民于盂兰节时期得□□。

各方亡魂为南海人行愿，赐给示批领，俾便遵行。

谨呈南海县佛山市公产保管委员会、常务列位委员。

具呈人：黄志诚

五 其他

函［函请保护祖庙古迹］

筹备委员黄宇夫、邓少泉、李竞生

1942年9月8日

佛山市南海区档案馆藏

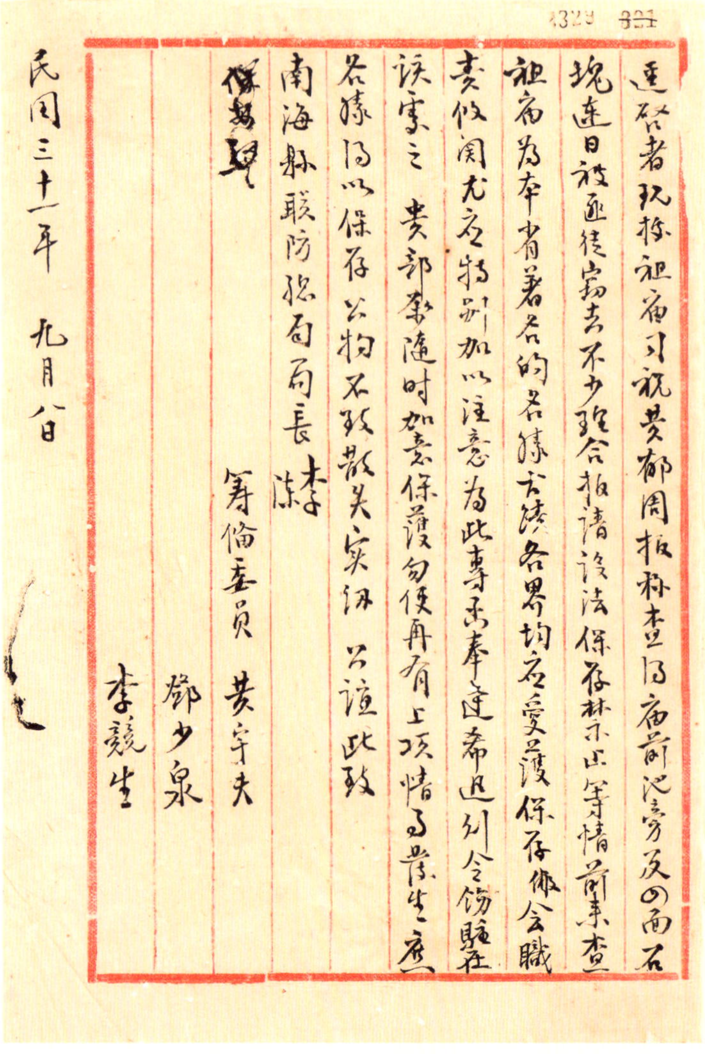

4329 391

逕啟者：現據祖廟司祝黄郁周報稱，查得廟前池旁及四面石塊，連日被匪徒竊去不少，聯合報請設法保存，禁止此等情前來。查祖廟為本省著名的名勝古蹟，各界均應愛護保存，佛公職責攸關，尤應特別加以注意。為此專函奉達，希迅分令飭駐在該處之貴部，隨時加意保護，勿使再有上項情事發生，庶名勝得以保存，公物不致散失，實紉公誼。此致

南海縣聯防總局局長李

保安總監

籌備委員　黄宇夫　鄧少泉　李競生

民國三十一年九月八日

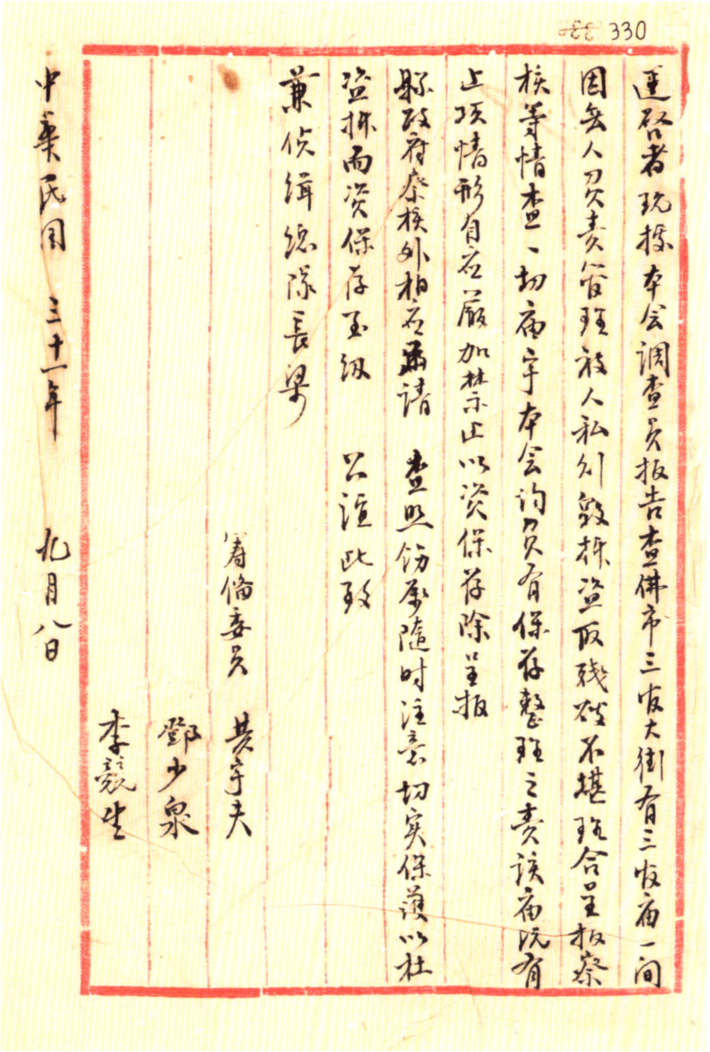

330

逕启者：现据本会调查员报告，查佛市三收大街有三收庙一间，因无人员负责管理，被人私行毁拆，盗取残料，不堪，理合呈报察核等情。查一切庙宇，本会均负有保存整理之责，该庙既有上项情形，自应严加禁止，以资保存。除呈报县政府察核外，相应函请查照，饬属随时注意，切实保护，以杜盗拆，而资保存，至纫公谊。此致

兼侦缉总队长吴

常务委员 黄守夫 邓少泉 李兢生

中华民国三十一年九月八日

迳启者，现据祖庙司祝黄郁周报称，查得庙前池旁及四面石块连日被匪徒窃去不少，理合报请设法保存禁止等情前来。查祖庙为本省著名的名胜古迹，各界均应爱护保存，敝会职责攸关，尤应特别加以注意。为此专函奉达，希迅行令，饬驻在该处之贵部属随时加意保护，勿使再有上项情事发生，庶名胜得以保存，公物不致散失。实纫公谊，此致

南海县联防总局局长李、陈

筹备委员黄宇夫、邓少泉、李竞生

民国三十一年九月八日

迳启者，现据本会调查员报告，查佛市三官大街有三官庙一间，因无人负责管理，被人私行毁拆盗取，残破不堪，理合呈报察核等情，查一切庙宇本会均负有保存整理之责，该庙现有上项情形，自应严加禁止，以资保存。除呈报县政府察核外，相应函请查照，饬属随时注意，切实保护，以杜盗拆而资保存。至纫公谊，此致

兼侦缉总队长梁

筹备委员黄宇夫、邓少泉、李竞生

中华民国三十一年九月八日

佛山祖庙追悼阵亡将士记文

佛山市南海区档案馆藏

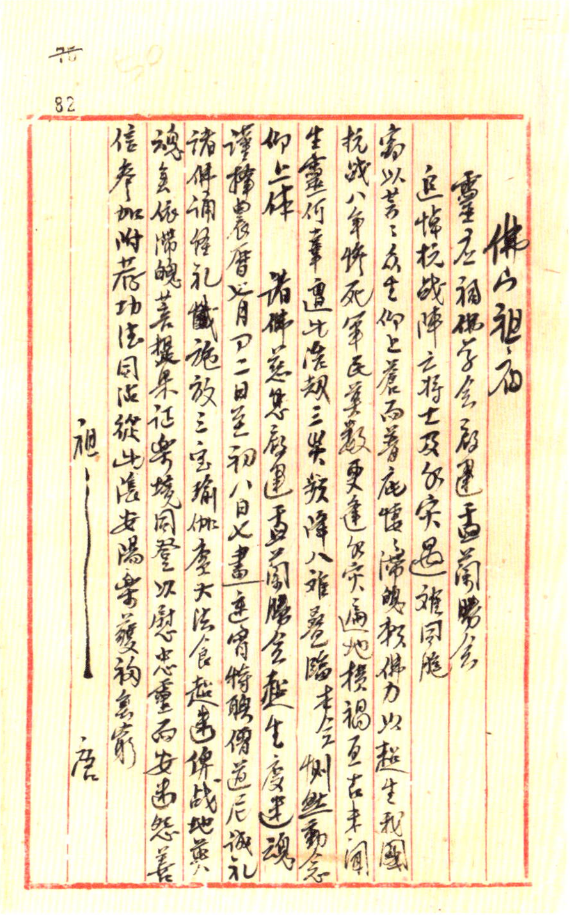

佛山祖庙、灵应祠佛学会启建盂兰胜会，追悼抗战阵亡将士及水灾遇难同胞

窃以芸芸众生，仰上苍而普庇；凄凄滞魄，赖佛力以超生。我国抗战八年，惨死军民莫数，更逢水灾，遍地横祸，亘古未闻。生灵何辜，遭此浩劫，三灾频降，八难叠临。本会恻然动念，仰上体诸佛慈悲，启建盂兰胜会，超生度幽魂。

谨择农历七月初二日至初八日七昼连宵，特聘僧道尼诚礼诸佛，诵经礼忏，施放三宝，瑜伽，广大，法食超幽，俾战地英魂，无依滞魄，菩提果证，乐境同登，以慰忠灵，而安幽怨。善信参加附荐，功德同沾，从此阴安阳乐，获福无穷。

祖 唐

后　记

佛山祖庙，从明清时期的“岭南圣域”，到民国时期的“名胜古迹”，再到如今的“全国重点文物保护单位”“国家一级博物馆”，它的历史定位，一直在发展转变，但无论何时，祖庙都与佛山、与国家同频共振。从一方方碑刻，到一篇篇文献，再到一件件档案，都记录着祖庙的发展轨迹和岁月荣光。

现如今，佛山祖庙的碑刻、文献和档案，已成为一部活着的历史——碑刻以刀锋传承，屹立不倒，尽展历代风华；文献以笔墨记录，饱含明理，书写华丽史篇；档案以刊印为载，延绵永存，编录百年事记。碑刻、文献、档案，都是民族与社会发展的重要见证物，不仅再现了佛山祖庙千百年的发展脉络，更是我们今日探究佛山传统文化的形成发散、精神内核以及时代意义的线索源头和有力抓手。

2024年，佛山市委在十三届七次全会上，首次提出要激活“十大传统文化”，“祖庙文化”位列其中。新时代下，“祖庙文化”已非狭义的区域文化，其内涵更具包容性、多元性和创新性，它是佛山独有的历史文化标志，是岭南文脉绵延传续的重要见证。佛山市祖庙博物馆，作为展示佛山历史人文、弘扬祖庙文化的重要地标和窗口，将勇于承担使命，以祖庙历史文献研究为起点，持续探索、深入挖掘和阐发“祖庙文化”，为赓续弘扬“十大传统文化”，实现其创造性转化、创新性发展，作出有益尝试！

佛山市祖庙博物馆

2024年12月